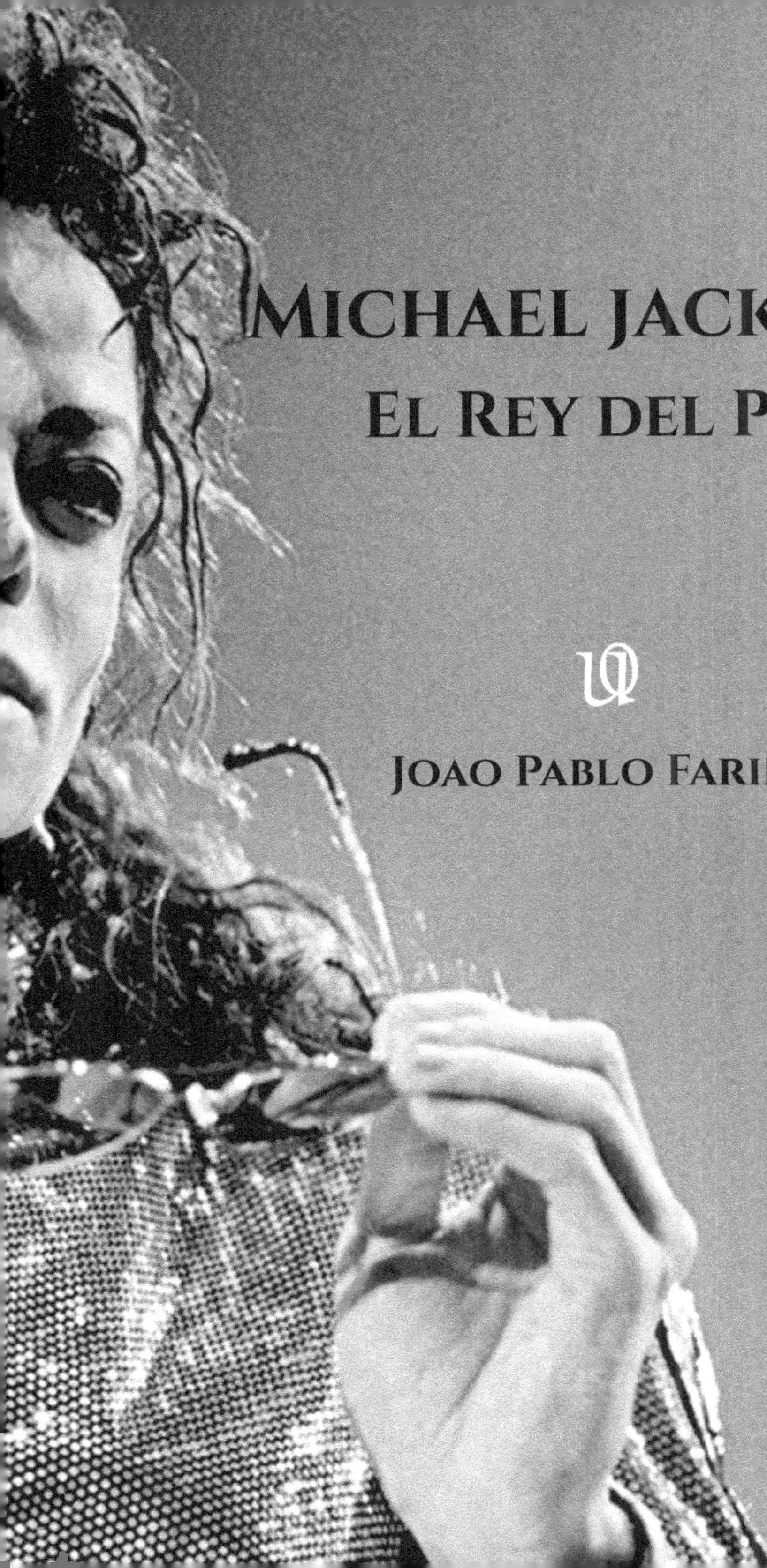

MICHAEL JACKSON

EL REY DEL POP

JOAO PABLO FARIÑAS

© 2019 Joao Pablo Fariñas
Unos&OtrosEdiciones, 2019

ISBN-13: 978-1-950424-06-1
Michael Jackson: El Rey del pop
©Joao Pablo Fariñas
Edición: Armando Nuviola
Diseño de portada: Armando Nuviola

www.unosotrosculturalproject.com
UnosOtrosEdiciones

Gracias por comprar una edición autorizada.

infoeditorialunosotros@gmail.com
UnosOtrosEdiciones
Hecho en USA, 2019

«En el mundo de la música pop, está Michael Jackson y después los demás».

The New York Times, enero de 1984

Quiero agradecer a todos los que hicieron posible la realización de este libro: Alma Rosa González, Pablo Fariñas, Yusleivy García, Víctor Malagón y Ernesto Menchaca.

ANEXOS

Familia Jackson

Introducción

Desde muy pequeño sentí admiración por Michael Jackson. Ambos nacimos un 29 de agosto, él en 1958, yo en 1979. En mis cumpleaños, siempre despierto escuchando los éxitos de su tiempo con los Jackson 5. Tras su muerte, es como si lo festejáramos juntos.

La idea de este volumen surgió en una conversación con un amigo, que tras la publicación de mi libro *El largo y tortuoso camino de Los Beatles*, en 2015, me preguntó qué vendría después. Sin dudarlo pensé en Michael, quizás el único artista que por su influencia social y musical pudiera compararse con los Chicos de Liverpool. Michael es la cúspide de los grandes artistas de nuestro tiempo.

El Rey del *Pop*[1] es el artista solista más aclamado de la historia y si a esto sumamos su labor con The Jackson 5 que lo impulsó al mega estrellato internacional, sus incursiones en los audiovisuales y su impacto mundial, lo podemos considerar el *showman* más exitoso de la historia. Todo en su mundo era más grande e intenso.

Michael era perfeccionista, algo poco común en los artistas pop, un artista increíble, probablemente el artista más enérgico de la historia. Creó música *soul* sofisticada, bailable y explosiva. Fue un icono de la interpretación, su talento era creatividad pura.

Su etapa en solitario, esa que disfruté de niño y adolescente, fue trascendental, por lo que la historia que cuentan estas páginas proviene en gran medida de mi memoria personal. Esos recuerdos han sido tamizados por los sentimientos y la nostalgia, pero he tratado de contrarrestar este impulso subjetivo con la mayor cantidad de información extraída de fuentes escritas y orales.

Michael fue una figura contradictoria, su vida personal tomó matices de melodrama hasta su muerte, mientras profesionalmente alcanzó el *status* de genialidad. Debido al éxito de su álbum *Thriller* (1982), el disco más vendido de la historia, con ventas que se estiman superiores a los 65 millones de copias, se convirtió en la mayor estrella de la música *pop* . Sus videos musicales *Beat it, Billie Jean y Thriller* rompieron barreras raciales en los medios y los transformaron en una expresión artística y herramienta de promoción. El éxito alcanzado por estos materiales logró que el canal televisivo MTV alcanzara notoriedad internacional. La revista especializada *Rolling Stone* lo ubicó

---

1. En la cultura estadounidense, cuatro alias honoríficos se han utilizado para describir a figuras destacadas en distintos ámbitos de actividad, tales como la industria, el comercio, el deporte y los medios de comunicación; el padre o la madre se han utilizado para los innovadores, y títulos reales como rey y reina para figuras dominantes en un campo específico.

en el lugar 20 entre los 500 Mejores Álbumes de la historia y el séptimo entre los 100 Mejores Álbumes de los años 80.

Su disco *Bad* (1987) fue el primero en contar con cinco sencillos que ocuparon la cima de la *Billboard* con «I just can't stop loving you», «Bad», «The way you make me feel», «Man in the mirror» y «Dirty Diana».

Fue incluido dos veces en el Salón de la Fama del *Rock&Roll*, así como en el Salón de la Fama de los Compositores y el Salón de la Fama del Baile como el primero y único bailarín proveniente de la música *pop* y *rock*.

Sus canciones y eventos le otorgaron un capital estimado en los 750 millones de dólares. La revista especializada *Rolling Stone* lo ubicó en el lugar 25 entre los 100 Mejores Cantantes de la historia. Batió múltiples récords en el *Guinness World Records* y recibió veintiséis American Music Awards, es el artista con el mayor número de esos galardones incluyendo los de Artista del Siglo y Artista de los 80. Además se agenció quince premios Grammy en diferentes categorías musicales, dos de los cuales son póstumos, el Grammy Legend Award y el Grammy Lifetime Achievement Award. Posee el récord del artista más galardonado de la historia de la música, con más de 400 premios.

Trece de los 98 sencillos de Jackson lanzados el mercado alcanzaron el primer lugar de la *Billboard*. Se estima que Michael Jackson ha vendido más de 400 millones de sus producciones musicales.

La revista especializada *Rolling Stone* lo ubicó en el lugar 34 entre los 100 Mejores Compositores de todos los tiempos. En una entrevista para esa publicación declaró: «Las canciones completas me vienen a la mente. Si me siento al piano y toco algunas notas entonces nada pasa».[2]

Michael concebía de un tirón los arreglos musicales para sus letras trabajando desde los elementos rítmicos básicos hasta las ornamentaciones más pequeñas. El ingeniero de sonido Rob Hoffman expresó al respecto: «Lo tenía todo en su cabeza, la armonía y todo lo demás. No solamente los acordes elementales. Fácilmente te podía cantar todo el arreglo terminado y grabarlo en el demo de prueba inicial».[3]

Jackson popularizó un sinnúmero de complicadas técnicas de baile, tales como el *robot* y el *moonwalk*.[4] Su sonido y su estilo característicos influyeron en miles de artistas y varios géneros musicales. Los bailarines que lo acom-

---

2. *Rolling Stone*. Michael Jackson. Disponible en: http://www.rollingstone.com/music/artists/michael-jackson.

3. Michael Jackson.ru. *The truth about Michael Jackson. In the Recording Studio. (The discussion took place on message board gearslutz.com in June 2009 - October 2011)*. Disponible en: http://en.michaeljackson.ru/in-the-recording-studio/

4. El *Moonwalk* (del inglés: Caminata Lunar) es un paso de baile que fue popularizado por Michael Jackson. Consiste en una serie de pasos deslizando un pie tras otro sin despegarlos del suelo, de tal manera que se produzca el efecto óptico de deslizamiento hacia delante, mientras la persona se desplaza hacia atrás.

pañaban eran tan profesionales que eran una extensión de él mismo, una extensión del mito.

Su vestimenta marcó época, sus símbolos más representativos fueron el guante blanco en una mano y los calcetines con lentejuelas brillantes. También fue conocido su gusto por los trajes militares, adornados con medallas e insignias y gafas oscuras.

Se presentó ante varios jefes de estado incluida la Reina de Inglaterra.

Fue el primer artista de la historia en colocar sencillos en el *Top Ten* de la *Billboard* en cinco décadas diferentes cuando «Love never felt so good» llegó a la novena posición el 21 de mayo de 2014.

Aspectos de la vida personal de Michael Jackson tales como su apariencia cambiante, relaciones personales y comportamiento generaron controversia. A mediados de los años 90 fue acusado de abuso sexual a menores, pero tras el pago de una suma de dinero no declarada, el caso fue sacado de los tribunales y los cargos anulados.

En 2005 fue acusado nuevamente pero el jurado lo declaró inocente de todos los cargos. Como un icono del *pop* o una caricatura, siempre se mantuvo como centro de atención de los medios debido al gran número de sus excentricidades. Numerosos casos judiciales y un despilfarro de dinero lo dejaron cercano a la bancarrota en junio de 2009.

Mientras preparaba su gira *This Is It*, Michael falleció debido a una intoxicación por propofol y benzodiazepina que le provocó un paro cardiaco. El 25 de junio de 2009 el mundo se paralizó tras la noticia de su muerte. El juzgado de la ciudad de Los Angeles la declaró como homicidio involuntario y su médico personal, Conrad Murray, fue sentenciado.

Con un estilo y personalidad sin igual, Michael Jackson es un icono en la historia de la música que influyó en multitud de artistas de posteriores generaciones. Enigmático, ambiguo, misterioso con sus grandes manías y sus toques de generosidad. Existe mucho morbo alrededor de su figura. Un mundo sin Michael sería bien diferente. Pienso que podemos sentirnos bendecidos que un artista de su calibre entró en nuestras vidas. Vivió en un mundo de fantasías. Como buen artista que era se dedicó a soñar despierto y llevar a la realidad su mundo de sueños.

Todas estas razones más su gran popularidad en nuestro país me motivaron a escribir.

El libro contiene toda su discografía en solitario, así como su trabajo con The Jackson 5, posteriormente denominados The Jacksons, recoge toda la producción discográfica de la banda y de cada uno de sus hermanos como solista.

Además, incluyo datos interesantes sobre la trayectoria musical de todos sus hermanos, así como su relación con la disquera Motown Records y la música negra norteamericana.

El autor

NACE UNA ESTRELLA

«Hay una cosa que sabemos con certeza sobre el verdadero Michael Jackson: Él es un hombre extraordinariamente talentoso con un don para crear música que la gente de todo el mundo ama».

Revista *Rolling Stone*, enero de 1992

Michael Joseph Jackson nació el 29 de agosto de 1958 en el poblado de Gary, Indiana. Su infancia fue regida férreamente por sus padres, Joe y Katherine Jackson, lo que alcanzó matices de violencia. Su madre (su nombre de soltera fue Katherine B. Screws) es Testigo de Jehová e influyó de manera determinante en la vida de Michael. Joe Jackson fue músico, pues interpretó la guitarra en una banda de R&B, nombrada The Falcons.

La historia artística de los Jackson comenzó cuando su padre organizó en 1962, un grupo musical familiar alrededor de sus tres hijos mayores, Tito, Jermaine y Jackie quien era el falsetto. Michael se les unió al año siguiente convirtiéndose en la voz líder de la banda y se estableció rápidamente como un artista dinámico y versátil a pesar de su corta edad, impresionando a las audiencias con su habilidad al expresar emociones complejas. El estilo soul de James Brown lo influyó en sus comienzos, así como Little Richard, Jackie Wilson, Diana Ross, Gene Kelly, Fred Astaire, Sammy Davis, Jr., BeeGees. Benny Hill y Charles Chaplin.

Para completar la alineación se les sumó Marlon Jackson, mellizo con Brandon quien falleció poco tiempo después de su nacimiento. El más joven de ellos, Randy, también formaría parte del conjunto. Las tres hermanas de Michael: La Toya, Rebbie y Janet se dedicaron a la música, siendo esta última la más afamada de la familia detrás del Rey del Pop.

En una entrevista para el documental *Living with Michael Jackson* trasmitida en 2003, Michael expresó: «Mi madre me encontró un día cantando mientras tendía la cama y ella le dijo a mi padre que yo sabía cantar. Pero a él no le interesó porque Jermaine era el cantante principal, no yo. Mi madre insistió y cuando finalmente me escuchó, me convertí en el cantante principal del grupo».

«Durante mi infancia —prosigue Michael— la gente me decía que yo era un enano de 42 años de edad. Al principio no entendía, pero luego me di cuenta a que se referían: la forma en que me movía y cantaba en el escenario.

Muchas veces quería jugar y no podía porque tenía que ir para el estudio. En los ensayos mi padre siempre decía: «Háganlo como Michael». Él era muy severo, siempre tenía la correa en la mano y si alguno fallaba un paso nos daba una paliza. Así que ensayábamos muy nerviosos. A mí me dio muchas veces, pero mi hermano Marlon la pasó peor.

Nuestro padre nos hacia ensayar todos los días después de la escuela mientras otros niños jugaban afuera. No tuvimos una infancia normal.[5] —explicó.

Michael no mencionó a su padre en su testamento.

Los hermanos cantaron por primera vez en un desfile de modas para niños realizado en el Glen Park en 1965. Hasta ese momento habían sido conocidos como The Jackson Family o The Jackson Brothers. Aquí es donde nace el nombre The Jackson 5, un ligero cambio al sugerido por la organizadora del show, Evelyn Leahy, The Jackson Brothers Five. Cantaron tres números, entre los que se destacó el éxito de The Larks, «The jerk».

Ese mismo año Joseph Jackson le envió una cinta de la banda a Berry Gordy, fundador de la casa disquera Motown. A los tres meses se la devolvieron sin hacerle una oferta de trabajo.

The Jacksons grabaron con la disquera Steeltown Records el sencillo «Big boy», con la cara B «You've changed» en 1967, pero no causaron mucho interés en el público.

Sin embargo, ganaron el primer premio en un concurso para aficionados en el Gary's Memorial Auditorium. Su padre los incluyó en el *Sunday Night Amateur Talent show* at the Regal Theater, Chicago, donde resultaron triunfadores en tres oportunidades. Debido a ello compartieron escenario con Gladys Knight & The Pips.

Como The Jackson 5 firmaron con la afamada disquera Motown Records en 1968 por recomendaciones de Gladys Knight, James Brown y Sam and Dave, con quienes habían trabajado anteriormente.

The Jackson 5 fueron presentados a la industria musical en un evento especial realizado en Daisy's Disco en Beverly Hills el 11 agosto de 1969 y posteriormente fueron teloneros de *The Supremes*. Por varios años Michael Jackson y The Jackson 5 mantuvieron un ajustado programa de giras y grabaciones bajo la supervisión de Berry Gordy y su *staff* de la Motown.

Su primera aparición en televisión fue en septiembre de ese mismo año en el concurso *Miss Black American* donde interpretaron « It's your thing », además de figurar en la edición de la revista *Soul Magazine*.

Lanzaron al mercado su primer sencillo con la disquera titulado «I want you back/Who's loving you» en octubre de 1969, cuando Michael contaba con once años de edad. Su primer álbum, *Diana Ross Presents the Jackson 5*, entró a las listas en diciembre de 1969.

---

5. Shaw, J. (Producer) y BASHIT, M. (Director). (2003). *Living with Michael Jackson* [Documental]. Granada Television. Reino Unido: American Broadcasting Company, ITV.

The Jackson 5 aparecieron en el programa *Hollywood Palace Special* por primera vez para la televisión nacional, compartiendo escenario con Diana Ross y Sammy Davis Jr. el 14 de octubre.

Estuvieron en *The Ed Sullivan Show* para interpretar «I want you back» y «Who's loving you» el 14 de diciembre de 1969. Posteriormente se presentaron en *The Johnny Carson Show* y en *Soul Train*.

El sencillo «ABC» es lanzado al mercado con «The young folks »en la cara B el 24 de febrero de 1970. Realizaron su primer concierto bajo contrato con la disquera Motown Record en el Philadelphia Civic Center el 5 de mayo y el 16 del propio mes «The love you save» ocupó la cima de la *Billboard*. El 1ro de junio aparecieron en la cubierta de la revista *Soul Magazine*.

La banda tocó en el estadio Olympia de la ciudad de Detroit el 17 de octubre, el mismo día que «I'll be there» ocupó la cima de la *Billboard*.

Al principio fueron vacaciones y fechas festivas encima del escenario. Después fue más el tiempo de gira que el que pasaban en casa. Las escuelas de estos muchachos fueron los profesores particulares que viajaban con ellos.

«I want you back», «ABC», «The love you save» y «I'll be there» fueron números uno de la *Billboard* en 1970, siendo The Jackson 5 el primer grupo en la historia de la música pop en ubicar sus primeros cuatro sencillos en la cima de las listas. Michael se convirtió en el artista más joven, con 11 años, en lograr un número 1 de la *Billboard* como miembro de una agrupación. Posteriormente con «Ben» sería el tercero más joven en solitario en lograrlo con 14 años de edad, detrás de Stevie Wonder, que con trece años grabó «Fingertips, Pt. 2» y de Donny Osmond, que a varios meses de su cumpleaños 14 lanzó al mercado «Go away little girl».

El lanzamiento del *Jackson 5 Christmas Album* en octubre de 1970 marcó el final de un año muy provechoso para la banda. Tres discos de los hermanos estaban disponibles en las tiendas. La Motown repitió el acontecimiento al año siguiente con *Maybe Tomorrow*, lanzado al mercado en abril, el soundtrack *Goin' Back to Indiana* en septiembre y una colección de grandes éxitos en diciembre. Además el sencillo debut en solitario de Michael, «Got to be there» estuvo a disposición del público en octubre con el larga duración del mismo nombre, vieron la luz en enero de 1972.

El especial televisivo *Goin' back to Indiana* realizado por la ABC y trasmitido el 16 de septiembre de 1971 le dio excelentes dividendos promocionales a la banda. Con ellos compartieron escenario los comediantes Bill Cosby y Tommy Smothers, los cantantes Bobby Darin y Diana Ross, los jugadores de fútbol americano Roosevelt *Rosey* Grier y Ben Davidson y las estrellas de la NBA Bill Russell, Elgin Baylor y Elvin Hayes.

El primer libro sobre el grupo titulado *The Jackson 5* de la autoría de Ellen Motoviloff fue publicado en enero de 1971. «ABC» fue nominada a los premios Grammy en la categoría de Mejor Canción Pop el 16 de marzo. Los muchachos continuaron de gira con un nuevo grupo telonero The Commodores. Su primer concierto juntos fue en el Madison Square Garden el 16 de julio de 1971.

El grupo fue tan popular que tuvieron su propia serie homónima de dibujos animados y fue trasmitida de 1971 a 1972. El primer capítulo de la misma pudo ser apreciado el 11 de septiembre de 1971. Sus voces no fueron utilizadas pero su música sí. «Mama's Pearl» se convirtió en la canción principal del programa.Además participaron en el especial televisivo de Diana Ross nombrado *Diana!*

La revista afro norteamericana *Right On!*, fundada en 1971, se enfocó fuertemente en la banda, con la foto de alguno de sus cinco miembros adornando la cubierta de enero de 1972 a abril de 1974.

El año de 1972 también fue especial para The Jackson 5 pues extendieron la Jacksonmanía hasta el Reino Unido. Rompieron el récord de asistencia impuesto por The Beatles en el Liverpool Empire Theater en noviembre. Además Jermaine inició carrera en solitario con la grabación del sencillo «Daddy's home».

El 12 de enero realizaron dos conciertos para conmemorar el cumpleaños del Dr. Martin Luther King Jr. en el City Auditorium de la ciudad de Atlanta. The Supremes también participaron en el evento. Fueron los invitados especiales en la edición del programa televisivo *The Sonny and Cher Comedy Hour* del 15 de octubre. Por si fuera poco antes de terminar su gira por Gran Bretaña realizaron un concierto especial para la Reina de Inglaterra el 12 de noviembre de 1972.

En junio del año siguiente realizaron una gira por toda Australia siendo los primeros artistas negros en hacerlo. Este *tour* se desarrolló del 23 de junio hasta el 2 de julio. Los días 4 y 5 de ese mismo mes se presentaron en Nueva Zelanda.

Jermaine contrajo matrimonio con Hazel, hija de Berry Gordy, el 15 de diciembre de 1973 en el Beverly Hills Hotel.

Fueron los invitados principales del programa televisivo *Soul Train* el 17 de noviembre de 1973 y el 2 de marzo de 1974 tocaron en la ceremonia de los premios Grammy. Su sencillo «Dancing machine» entró en la lista de la *Billboard* el 16 de marzo donde se mantuvo por 22 semanas vendiendo un millón de copias en menos de un mes. Con varios números movidos The Jackson 5 se establecieron como uno de los principales exponentes de la música disco.

Del 9 al 24 de abril de 1974 realizaron un *show* en la ciudad de Las Vegas donde se les unieron sus hermanos La Toya, Randy y Janet.

Junto a Bob Marley and the Wailers ofrecieron un concierto en el Estadio Nacional en Kingston, Jamaica el 8 de marzo de 1975. The Jacksons se cambiaron a la casa disquera CBS Records cuando su contrato con Motown expiró el 10 de marzo 1976.

Randy, que ya había trabajado con el grupo en numerosas ocasiones, sustituyó a Jermaine quien se mantuvo con la Motown para iniciar su carrera en solitario. Los especialistas estimaron que la popularidad de The Jackson 5 decayó debido a la negativa de la Motown de actualizar la imagen de la banda. Además no les permitían asumir el control creativo en la composición de los temas a incluir en cada LP. Así que sin pensarlo dos veces, Joseph Jackson buscó una nueva casa discográfica para sus hijos.

Una vez más fueron invitados al programa *Soul Train* en su edición del 5 de octubre de 1975. El *set list* de canciones fue «Forever came today», «All I do is think of you», «One day in your life» y «We've got forever». En diciembre realizan su última presentación como The Jackson 5 en un *show* televisivo en ciudad México que fue trasmitido en vivo para los Estados Unidos.

The Jackson 5 recibieron la influencia de The Temptations, The Supremes, James Brown, Frankie Lymon & The Teenagers and Sly and The Family Stone.

El 16 de junio de 1976 la banda protagonizó su propio *show* de televisión nombrado *The Jackson's* y trasmitido por CBS. La serie es basada en su exitoso espectáculo de Las Vegas que incluyó a la familia completa con canciones de su era en la Motown así como nuevo material. Cada capítulo duró 30 minutos e incluyó celebridades invitadas que cantaron, bailaron y realizaron *sketchs* de comedia. El *rating* de audiencia fue magnífico y los Jackson firmaron por una segunda y tercera temporadas. El último *show* fue trasmitido el 9 de marzo de 1977.

En noviembre lanzaron su homónimo álbum *debut* con Epic Records producido por Gamble & Huff y que incluyó «Enjoy yourself» y «Show you the way to go». El disco alcanzó la categoría oro pero no cumplió las expectativas.

Los hermanos se pasaron casi todo el periodo comprendido entre los años 1977 y 1978 realizando giras por Europa y los Estados Unidos así como filmando la segunda temporada de su *show* televisivo. El sencillo «Show you the way to go/Blues away» ocupó la cima de las listas en Gran Bretaña el 25 de junio de 1977.

La revista *Billboard* publicó un suplemento especial de 10 páginas sobre The Jacksons el 18 de noviembre de 1978.

Renovaron su contrato con Epic Records donde se les permitió asumir el control total creativo sobre su próximo LP, *Destiny* lanzado al mercado en diciembre de 1978. Alcanzaron un éxito impresionante y el álbum vendió más de dos millones de copias.

«Shake your body (Down to the ground)», compuesta por Michael y Randy, entró en la *Black Singles Chart* el 27 de enero de 1979, convirtiéndose en su primer sencillo multi platino y ser el más exitoso en la historia de The Jacksons, con más de 2.5 millones de copias vendidas. *Destiny* recibe la categoría oro por el volumen de sus ventas el 13 de marzo de 1979. Por este tiempo ya los hermanos Jackson tenían control total sobre todo lo que componían, instrumentaban, producían e interpretaban.

En 10 años The Jacksons vendieron más de 93 millones de discos, más que cualquier banda menos The Beatles.

Triumph fue lanzado al mercado el 18 de octubre de 1980 ocupando la cima de las listas y el 10 de diciembre fue certificado oro y platino. Este disco vendió tres millones de copias en los Estados Unidos y 10 millones de copias en todo el mundo.

The Triumph, video promocional concebido, escrito y producido por Michael para el sencillo «Can You Feel It» es lanzado en la primavera de 1981. *Victory* (1984) fue el último trabajo de Michael Jackson junto a sus hermanos. La gira promocional del disco fue uno de los mayores éxitos de The Jacksons.

Durante sus inicios coincidieron con otra agrupación similar integrada por hermanos, The Osmonds, aunque los diferenció el color de la piel.

Varios especialistas consideran a los Jackson como los iniciadores de la tendencia, pero The Osmonds comenzaron cantando juntos en Ogden, Utah en 1959, muchos años antes de que los Jackson se fundaran.

Joseph Jackson se impresionó tanto al ver las primeras presentaciones televisivas de estos muchachos que instó a sus hijos a estudiarlos de cerca. La historia los unió y ambas familias cultivaron una amistad que trascendió en el tiempo.

Destino

Para mí, el mayor pecado de todos los pecados es recibir un don y no cultivarlo para que crezca, ya que el talento es un regalo divino.

MICHAEL JACKSON

Motown promovió la carrera en solitario de Michael a partir de 1971 y su primer sencillo «Got to be there», fue lanzado al mercado para finales del año, ubicándose en el Top 5, así como su siguiente canción « Rockin' Robin», un *cover* de Bobby Day, ambas incluidas en el larga duración *Got to be there* (1971).

«Ben» fue su primer sencillo número uno en solitario, grabado en 1972. Este tema fue incluido en la banda sonora del filme homónimo. La canción fue un exitazo instantáneo debido a su corte sincero y sentimental que hasta le agenció una nominación a los premios Oscar.

Grabó su cuarto y último álbum con Motown en 1975, al año siguiente él y sus hermanos, menos Jermaine, firmaron con Epic Records y se renombraron como The Jacksons. El menor de los hermanos, Randy se unió al conjunto por este tiempo. Michael compuso los éxitos de la banda «Shake your body (Down to the ground)» en 1979, «This Place Hotel» y «Can you feel it» en 1980.

Michael Jackson protagonizó junto a Diana Ross el filme musical *The Wiz*, basado en *The Wizard of Oz* dirigido por Sidney Lumet en 1977, donde interpretó el papel del Espantapájaros. Durante el rodaje conoció al afamado productor Quince Jones y se mudó junto a su hermana La Toya en octubre a la ciudad de New York para la filmación.

Michael cantó en seis de las canciones que formaron la banda sonora, incluidas «You can't win» y «Ease on down the road», ambas fueron lanzadas al mercado como sencillos en 1979. «You can't win» fue el primer sencillo de Michael en solitario para Epic Records y se mantuvo en las listas de éxitos norteamericanas por tres semanas.

Esta es la primera vez en que Michael Jackson trabajó con el productor Quincy Jones en la creación del *soundtrack* del filme.

Animado por el éxito del disco auto producido de The Jacksons, titulado *Destiny* (1978), Jackson decidió retomar su carrera en solitario ya que el contrato con su padre estaba próximo a expirar. Con Jones como productor, grabó su primer álbum en solitario como adulto, *Off the Wall*.

Este trabajo fusionó el *funky, disco-pop, smooth soul* y las baladas pop sentimentales. Con este LP Jackson regresó al estrellato. Produjo cuatro sencillos ubicados en el Top Ten, incluido los número uno, «Don't stop 'til you get enough» y «Rock with you». Alcanzó la categoría platino por el volumen de sus ventas que superaron las siete millones de copias, a pesar de ello, Jackson le fue leal a sus hermanos y se mantuvo en el grupo. La revista especializada *Rolling Stone* lo ubicó en la posición 68 entre los 500 Mejores Álbumes de la historia. El artista recibió la cifra más alta jamás otorgada por regalías de la industria musical, le otorgaron el 37 por ciento de la recaudación en ventas que tuvo este álbum.

El 29 de agosto de 1979 Michael cumplió 21 años. El contrato de representación por parte de la compañía de su padre Joseph Jackson Productions terminó y no fue renovado. Michael asumió el control total de su música y negocios, además contrató a sus propios abogados y contadores. Weisner y DeMann asumieron el rol de representantes de Michael.

Ese mismo año, se rompió la nariz durante una compleja rutina de baile. La operación le dejo secuelas para toda la vida.

La siguiente producción discográfica de The Jacksons, *Triumph* (1980) vendió más de un millón de copias y los hermanos se enfrascaron en una extensa gira para apoyar el disco.

The Jackson 5 recibieron dos nominaciones a los premios Grammy en su carrera. En 1970 en la categoría de Mejor Grupo Vocal Contemporáneo por el tema ABC», y fueron derrotados por The Carpenters y su éxito «Close to you». En 1974 compitieron por la Mejor Interpretación R&B con «Dancing machine», pero Rufus se agenció el galardón con «Tell me something good».

Después de retomar su carrera en solitario Michael Jackson ganó su primer premio Grammy en 1980 en la categoría de Mejor Interpretación Vocal Masculina de R&B con «Don't stop 'til you get enough», este tema contenido en *Off the Wall* también fue nominado como Mejor Grabación de Música Disco.

Tras ello ningún grupo hubiera retenido a Jackson por mucho tiempo más, aunque no existieran señas de que su próximo álbum se convertiría en el más exitoso de la historia. Una producción de Quincy Jones, lanzada al mercado en 1982, *Thriller*, refinó la fortaleza del anterior disco, los temas *dance* y *rock* fueron más impactantes, las tonadas *pop* y las baladas fueron más *soul*.

Colaboraron en el disco Paul McCartney, el guitarrista Eddie Van Halen y el actor Vincent Price. El costo de la producción del disco se valoró en 750 mil dólares.

«The girl is mine», dueto entre Jackson y McCartney, se ubicó en la segunda posición de la *Billboard*; «Billie Jean» y «Beat it», donde participa Van Halen, ocuparon la cima por siete y tres semanas, respectivamente. Estas canciones así como el tema que da título al álbum fueron apoyadas por videos promocionales magistralmente concebidos por Michael y que revolucionaron dicha industria para siempre. Michael también grabó tres canciones con Freddie Mercury en 1981. «There must be more to life than this», «State of shock» y «Victory», que no fueron terminadas, pues Freddie no soportó la presencia en el estudio de una llama y Bubbles, el chimpancé de Michael. Además expresaron que no tuvieron tiempo disponible para su culminación debido a su fuerte programa de trabajo.

«There must be more to life than this» fue incluida en el álbum en solitario de Freddie, sin Michael, *Mr. Bad Guy* lanzado al mercado en 1985. «State of shock» fue editada en 1984 como un tema de The Jacksons con la colaboración vocal de Mick Jagger. «Victory» aun se mantiene inédita.

Treinta y tres años después de su grabación «There must be more to life than this» fue puesta a disposición del público como parte del disco compilatorio de Queen, Queen Forever, que vio la luz exactamente el 10 de noviembre de 2014.

Freddie Mercury en una entrevista televisiva ofrecida a la periodista Lisa Robinson comentó sobre Michael:

> Él siempre venía a ver nuestros shows en Los Angeles, parece que le gustaba nuestro trabajo y nos conocimos personalmente. Fue algo muy hermoso pues Michael tenía 25 y yo 37 y piensas que a esa edad alguien está comenzando en el negocio y puedes enseñarle algo. Pero con Michael no fue así, pues como empezó desde muy pequeño llevaba en la música casi tanto tiempo como yo.[6]

Para la grabación de *Thriller*, Jackson y Quincy Jones buscaron una combinación dinámica y balanceada entre más de 300 canciones para incluir las mejores en el corte final del disco. Jones expresó acerca del mismo:

> Me parecía que estaba entrando al *híper* espacio. Tanto éxito me asustó y pensé que habíamos sobrepasado el límite. Solo busqué un grupo de canciones que se complementaran unas a otras por su diversidad. Si «Billie Jean» suena bien, suena mucho mejor con «Human Nature» detrás. El álbum se puede considerar una sola pieza musical desde «Wanna Be Startin' Somethin'» hasta «Baby Be Mine». El disco inspiró a otros artistas negros y los instó a no limitarse. Antes de Michael los artistas afronorteamericanos no producían estos volúmenes de ventas. Michael lo hizo.[7]

6. Mercury, Freddie. Entrevistado por Lisa Robinson. Programa Radio 1990. EEUU. Publicada el 30 de septiembre de 2009. Disponible en: https://freddiemercury4ever.wordpress.com/2009/09/30/freddie-mercury-interview-lisa-robinson/

7. *Thriller-Special Edition* (EPIC RECORDS). [CD]. (2001). Disponible en: https://www.discogs.com/es/Michael-Jackson-Thriller/release/238545

Estos materiales fueron trabajados como pequeñas películas con estructuras narrativas. En *Billie Jean*, Michael fue una solitaria y a veces invisible presencia, «Beat it», se convirtió en un homenaje a *West Side Store* y *Thriller*, seleccionado frecuentemente como el mejor video de la historia, mostró a Jackson liderando a una tropa de zombis bailarines, repleto de maquillaje de horror y efectos especiales.

MTV pasó los videos hasta la saciedad, proporcionándoles una promoción a nivel global nunca antes vista. En el *making of del video Thriller*, Michael expresó:

> Quiero actualizar el mundo de los cortometrajes. Por eso *Thriller* y *Beat it* son un gran reto para mejorar el género. Vi la película Un hombre lobo americano en Londres y me encantó. Es el ajuste perfecto entre el horror y el humor. Averigüé que John Landis lo había dirigido. Quería hacer este corto y me puse en contacto con él. La máscara de hombre lobo que utilizamos fue impresionante. Te pones el maquillaje y poco a poco la metamorfosis se produce. Cuando uno se mira en el espejo no puede evitar que el personaje cobre vida. Se siente en la forma de caminar, de reaccionar y de moverse.

> Cuando grabé *Beat it,* Michael Peters me ayudó con la coreografía, así que le dije a John Landis que lo quería conmigo para *Thriller*. Hemos trabajado muy bien juntos. Nos ha dado consejos e ideas para esta coreografía. Creo que hemos nacido para mejorar continuamente y estoy muy satisfecho con los resultados de este video.[8]

Quincy Jones comentó sobre *Thriller*: «Este va a ser como el Ciudadano Kane de los *videos clips*. Será lo más revolucionario de la industria y establecerá una nueva forma de hacer arte».[9]

Jackson transformó el *video clip* en una forma de arte y herramienta promocional a través del uso de historias complejas, rutinas de baile, efectos especiales y pequeñas apariciones de personalidades de la cultura. El chaleco rojo usado por Michael en el video de *Thriller*, fue subastado en 1.8 millones de dólares en 2011.

Jackson finalmente se convirtió en un fenómeno cultural cuando el 16 de mayo de 1983 realizó su famoso pasillo de baile *moonwalk*, mientras interpretaba «Billie Jean» en el televisado homenaje a la disquera Motown por su 25 aniversario. Aunque no inventó el pasillo, como el mismo asegurara

---

8. En el *making of del video Thriller*. Disponible en: https://woww.theguardian.com/film/2017/aug/31/john-landis-on-the-making-of-michael-jacksons-thriller-i-was-adamant-he-couldnt-look-too-hideous
9. Ibid.

posteriormente, este se convirtió en su firma más reconocida junto al uso de un solo guante blanco.

Anna Kisselgoff, periodista de *The New York Times*, escribió en 1988:

> El moonwalk que Michael hizo famoso es una adecuada metáfora para su estilo de baile. ¿Cómo lo hace? Con una técnica depurada, es un gran ilusionista, un mimo genuino. Su habilidad para mantener una pierna estirada mientras se desliza con la otra y pareciera que camina, requiere de una coordinación perfecta.[10]

Sobre el tema, Berry Gordy, dueño de Motown Records afirmó: «Desde el primer beat de Billie Jean, quedé perplejo y cuando realizó su icónico moonwalk entré en shock, fue mágico, Michael Jackson entró en órbita y nunca descendió».[11]

Su disco *Thriller* fue un éxito total. Siete de sus nueve canciones fueron incluidas en el Top Ten de la *Billboard*. Este larga duración se mantuvo en las listas por más de dos años, vendió más de 29 millones de copias en los Estados Unidos y 20 millones más en el resto del mundo. Ocupó la primera posición de la *Billboard* por 37 semanas y recibió un sinnúmero de galardones incluidas doce nominaciones al premio Grammy, de las que se agenció ocho, récord para su tiempo. En la cúspide de la Michaelmania en 1984, Epic Records vendió más de un millón de grabaciones de Jackson a la semana. *Thriller* fue el equivalente del *Hula-Hoop*, un artículo que todos debieran tener.

Además firmó un contrato publicitario multimillonario (el más cuantioso hasta el momento) con la firma Pepsi. Jackson sufrió un accidente filmando un comercial para la firma en el Shrine Auditorium de Los Ángeles el 27 de enero de 1984, recibió quemaduras severas de segundo y tercer grado en el cuero cabelludo y parte de su rostro, debido a un error en la sincronización del espectáculo pirotécnico que simulaba ser un concierto. Pepsi le otorgó un millón y medio de dólares como compensación económica por las heridas. Tras recibir el dinero lo donó al Brotman Medical Center de la ciudad de Culver, California, donde fue atendido.

Para finales de 1983, Michael se ubicó nuevamente en la cima de las listas, con su segundo dueto con McCartney, «Say say say». Al año siguiente se unió por última vez a sus hermanos para la grabación del álbum *Victory*, y a

10. Colaboradores de Wikipedia. Michael Jackson [en línea]. Wikipedia, La enciclopedia libre, 2018 [fecha de consulta: 17 de agosto del 2018]. Disponible en:<https://es.wikipedia.org/w/index.php?title=Michael_Jackson&oldid=109842243>.Tomado de: Kisselgoff, Anna (6 de marzo de 1988). «Stage: The Dancing Feet Of Michael Jackson». *The New York Times*. ISSN 0362-4331. Consultado el 24 de mayo de 2017.
11. Colaboradores de Wikipedia. Michael Jackson [en línea]. Wikipedia, La enciclopedia libre, 2018 [fecha de consulta: 17 de agosto del 2018]. Disponible en: <https://es.wikipedia.org/w/index.php?title=Michael_Jackson&oldid=109842243>.

la consecuente gira promocional. Los Jackson también contaron con la reincorporación de Jermaine quien se les unió tras nueve años de carrera como solista. La exitosa presentación de los hermanos en el programa especial televisivo *Motown, 25* trasmitido en 1983, lo motivó a tomar dicha decisión.

En la ceremonia de los Grammy en febrero de 1984 Jackson se agenció 8 premios. Compartió las estatuillas de Álbum del Año y Productor del Año por *Thriller* con Quincy Jones, quien también produjo su victorioso *E.T.: The Extra-Terrestrial* en la categoría de Mejor Grabación para Niños.

Recibió premios Grammy por los tres sencillos exitosos del disco, algo inédito ya que fueron en tres categorías vocales masculinas diferentes, R&B («Billie Jean»), rock («Beat it») y pop («Thriller»). Como compositor se agenció el de Mejor Composición R&B con «Billie Jean». Sting logró derrotarlo con «Every breath you take», en la categoría de Canción del Año donde estaban nominadas «Beat it» y «Billie Jean». Bruce Swedien recibió por *Thriller* el premio en la categoría de Mejor Ingeniería Sonora No Clásica. En 1985 el audiovisual de *Thriller* dirigido por John Landis ganó un Grammy como Mejor Video Clip.

Los ocho Grammys recibidos por Jackson en una noche rompieron el récord de seis establecido por Roger Miller en 1965, la mayoría de ellos por el *hit country* «King of the road». El récord fue igualado por Santana y el álbum *Supernatural* en 1999.

Sobre sus influencias musicales Michael declaró en una entrevista televisiva realizada en febrero de 1983: "Lo que más repercutió en mi trabajo fueron los años 60, la Motown, The Beatles y The Carpenters."

Thriller no tuvo una gira promocional porque el cantante estaba enfrascado junto a The Jacksons en el Victory Tour.

Ronald Reagan, entonces presidente de los Estados Unidos, le otorgó un premio por su trabajo humanitario en una ceremonia celebrada en la Casa Blanca el 14 de mayo de 1984.

Su año definitorio sin dudas fue 1985, pues junto a Lionel Richie co escribió el himno mundial «We are the world», un canto para crear conciencia sobre la grave situación alimenticia en África. Este fue uno de los sencillos más exitosos de la historia e incluyó a cuarenta y cinco luminarias de la música entre los que se destacaron Ray Charles, Bob Dylan, Willie Nelson, Diana Ross, Bruce Springsteen y Tina Turner. La Toya y Tito Jackson también participaron en el evento. La grabación de realizó el 28 de enero de 1985.

Jackson y Lionel Richie recibieron el premio Grammy por la Canción del Año con «We are the world», que también se agenció Grabación del Año.

Además Michael adquirió la empresa ATV Publishing, que controlaba los derechos de autor de Lennon-McCartney, el 17 de agosto de 1985. Michael pagó 47.5 millones por ellos y en 2012 eran valorados en más de un billón de dólares. Así obtuvo los derechos de 251 canciones de The Beatles.

En una entrevista televisiva en el *Late Show* with David Letterman, Paul McCartney declaró:

> Michael me llamó en navidad y me propuso grabar algunos hits. Por supuesto accedí, vino a mi casa y conoció a mi familia. Fue genial y la pasamos muy bien juntos. Hicimos algunas canciones y un video. Éramos muy buenos amigos. Me pidió mi opinión acerca de su trabajo y le aconsejé que se hiciera de los derechos de autor de varias canciones. Terminó comprando los derechos de las composiciones Lennon-McCartney. Así que pensé que él era la persona que históricamente le daría una buena cantidad a Lennon-McCartney ya que nosotros habíamos firmado un contrato en un callejón en Liverpool cuando teníamos 21 años de edad y seguíamos cobrando lo mismo aunque el éxito era inmenso. Ya era hora de que aumentara la cantidad que recibíamos. Fue genial, le dije todo lo que pensaba, pero siempre me contestaba que eran negocios. Me quedé esperando una respuesta. Nunca volvimos a hablar de ello y decidimos alejarnos. Pero Michael era un hombre encantador y muy talentoso. Lo extraño mucho.[12]

Michael estableció un récord mundial en febrero de 1986 pues firmó un contrato con la compañía Pepsi Cola por quince millones de dólares por tres años y que incluyó la filmación de dos comerciales y el patrocinio de su primera gira en solitario. Esta fue la mayor cantidad de dinero de la historia invertida en un trato de este tipo.

Otro proyecto que llevó a cabo por ese tiempo fue la película en 3D titulada *Captain Eo*, dirigida por Francis Ford Coppola y producida por George Lucas. Michael compuso y grabó dos temas para el filme de 17 minutos: «We are here to change the world» y «Another part of me». En la película Michael interpreta al Capitán Eo, un joven con la misión de transformar un planeta. Repleto de efectos especiales fue mostrado en los teatros Disney widescreen IMAX por doce años.

---

12. Molloy Tim. Paul McCartney Rocks *Letterman Show*, Talks MJ. Today's News. Jul 16, 2009. TVGuide. Disponible en: https://www.tvguide.com/news/paul-mccartney-letterman-1008084/

BAD Y DANGEROUS

Mi música pretende unir todas las razas, para que todos vivamos como una familia.

MICHAEL JACKSON

Su LP *Bad* (1987), producido por Quincy Jones fue lanzado al mercado en 1987 con grandes expectativas por parte del público. Debutó en la primera posición, así como el sencillo «I just can't stop loving you», con acompañamiento vocal de Siedah Garrett. Este fue el primer álbum en la historia en producir cinco números uno; completan la lista. «Bad», «The way you make me feel», «Man in the mirror» y «Dirty Diana».

Bad fue acompañado por un video clip de 18 minutos de duración, dirigido por Martin Scorcese, filmado en New York y protagonizado por Wesley Snipes. Se filmó en seis semanas por un costo de dos millones. Recibió fuerte influencia del filme *West Side Story*. Durante la gira promocional, la cantante Sheryl Crow ocupó el lugar de Siedah Garrett para el dueto «I just can't stop loving you».

Bad no pudo sobrepasar a *Thriller* pues sus ventas fueron de ocho millones de copias en Estados Unidos y 16 millones en el resto del mundo. La revista especializada *Rolling Stone* lo ubicó en el lugar 202 entre los 500 Mejores Álbumes de la historia. El video musical del sencillo «Bad» fue dirigido por el cineasta Martin Scorsese. Para el *video clip* de «Smooth criminal» utilizó la ilusión de *anti-gravedad* durante el baile, este paso coreográfico fue creado por Michael Bush, Dennis Tompkins y el propio Jackson.

La gira promocional llamada como el disco rompió el récord Guinnes como la que más dinero recaudó con un cálculo de 125.8 millones de dólares, y a la que más personas asistieron con un número estimado de 4.4 millones.

En una entrevista ofrecida a la revista *Ebony Jet* con motivo de la publicación de su álbum *Bad*, Michael expresó:

> Me siento rejuvenecido y feliz porque después de trabajar en ello tanto tiempo ya está el resultado. La gente solo ve el producto terminado y nunca ve la otra parte, todo el trabajo que conlleva crear ese resultado...]
> [... Compuse varios temas. Cada canción es diferente, a veces sucede más rápido o más lento. En realidad nadie puede definir lo que es el proceso creativo. Porque a veces no tiene nada que ver con ello. Es

algo que se crea en el Espacio… es obra de Dios, no mía.

La canción Bad es algo muy diferente a cualquier otras cosas que haya escrito o grabado. Es contundente. Una declaración. Pero lo digo en buena onda…no hay que tomárselo tan en serio. Es una forma de decir que tienes estilo, que eres bueno, atrevido. No estoy queriendo decir que soy malo en el sentido literal. Por supuesto así podría interpretarse ya que es una declaración atrevida.

Sobre el video puedo comentar que en realidad la idea no fue mía, se trata de una historia real, en la que el chico va a una escuela al norte del estado. Es una persona que viene del *ghetto*, que quiere hacer algo con su vida y deja a sus viejos amigos detrás. Cuando regresa en las vacaciones, sus amigos sintieron tanta envidia o celos que lo mataron. En el video yo no muero, por supuesto. Es una historia real que la sacamos de las revistas *Time* o *Newsweek*. Es muy triste porque todo es negativo y terrible. La vida es el deseo de crecer, de seguir avanzando. Es como plantar una semilla que al crecer se convierte en algo hermoso y es algo que nunca muere. Creo que la gente debería verlo así.

Con Man in the mirror planteo mi filosofía de que si quieres que el mundo sea un lugar mejor, mira en tu interior y comienza a cambiarlo. Nunca me siento satisfecho porque quiero que el mundo sea mejor. Eso es lo que trato de hacer con mi música. Llevar felicidad, gozo y paz a la gente.

Mucha gente me malinterpreta porque no me conocen. Se creen las historias absurdas que leen. Hay cosas que son ciertas y otras no. Me duele oír esas historias, pero es parte del trabajo.

Liberian Girl la escribí en mi casa, en la sala de juegos. La canción vino de repente a mi mente, corrí escaleras arriba y lo grabé en una cinta. Así mismo sucedió con We are the World, We are the Children. Realmente no sé de donde vienen esas frases, simplemente llegan. No tengo que pensar en ello, simplemente llegan.[13]

El video de *Liberian girl* dirigido por Jim Yukich fue dedicado a Elisabeth Taylor y contó con la participación de 35 celebridades entre las que se destacan Paula Abdul, Whoopi Goldberg, Quincy Jones, Olivia Newton-John, John Travolta, Steven Spielberg, Lou Ferrigno y Danny Glover. Mientras que el de *The way you make me feel* fue dirigido por Joe Pytka y producido por Michael Nesmith, este audiovisual junto al de *Bad* fue nominado a los pre-

---

13. Monroe, Bryan (diciembre de 2007). «Michael Jackson in His Own Words». *Ebony* (en inglés).

mios MTV de 1988 en la categoría de Mejor Coreografía pero perdieron ante *The pleasure principle* de Janet Jackson.

Moonwalk, autobiografía del artista fue publicada en 1988 y llegó a ser el libro más vendido en los Estados Unidos ese año, según el periódico *The New York Times*. También se presentó la película *Moonwalker*, que contiene los videos musicales que acompañaron el lanzamiento de sus sencillos *Bad*, *Smooth criminal*, *Speed demon* y *Leave me alone*. Este video llegó a la cima de la lista Billboard Top Music Video Cassette, que agrupaba los videos más vendidos, permaneciendo allí durante veintidós semanas consecutivas.

Michael renegoció su contrato con Sony en marzo de 1991, que incluyó un arreglo por seis discos en quince años. Los derechos de autor fueron los más grandes recibidos por un artista hasta el momento, el 25 por ciento del costo de cada álbum vendido. Jackson se incluyó en el libro de Records Guinnes nuevamente por el contrato más grande para un artista al alcanzar la cifra de 890 millones.

Dangerous (1991) marcó el fin de su colaboración con Quincy Jones. Jackson quiso experimentar más, tener más independencia y trabajar con nuevos productores con ideas más frescas. Varios de los *tracks* fueron producidos por Teddy Riley, en un intento por actualizar su sonido. Como era de esperarse el álbum debutó como número uno de la *Billboard*, así como el sencillo «Black or White».

El video promocional del sencillo, con una duración de once minutos, recibió gran promoción aunque creó controversias debido a un uso inapropiado de imágenes violentas y un dubitativo mensaje enviado a sus seguidores más jóvenes. Fue emitido por primera vez en veinte y siete países simultáneamente el 14 de noviembre de 1991. Este material sorprendió por una nueva técnica digital llamada *morphing,* nunca antes vista en un video musical pop. Fue dirigido por John Landis y contó con las actuaciones de Macaulay Culkin, Peggy Lipton y George Wendt. Se considera fue visto por 500 millones de personas, la mayor cifra de la historia.

«Remember the time», sencillo incluido en el Top 10, tuvo un *video clip* ambientado en el antiguo Egipto y con las actuaciones de Eddie Murphy, la modelo Iman y el basquetbolista Magic Johnson. Fue dirigido por John Singleton y la coreografía estuvo a cargo de Fatima Robinson.

«In the closet», fue promocionado por un audiovisual dirigido por Herb Ritts y con la participación de la súper modelo Naomi Campbell.

Michael creó la Heal the World Foundation en 1992, para ayudar a los niños víctimas de la violencia, la pobreza y las enfermedades terminales. También realizó una nueva gira mundial tras un nuevo acuerdo con Pepsi por la cantidad de 20 millones de dólares. Este *tour* contó con efectos especiales realizados por el mago David Copperfield.

Actuó en vivo en varios eventos importantes en 1993, incluido en el medio tiempo del Superbowl XXVII. Recibió de manos de su hermana Janet el premio Grammy Legend Award. También le concedió una entrevista televisiva a Oprah Winfrey que fue trasmitida en febrero. Oprah lo inquirió acerca de los rumores sobre su comportamiento y la estrella explicó que el cambio de color de su piel era debido a la enfermedad de vitiligo y comentó sobre los abusos que había sufrido en la infancia por parte de su padre.

En una entrevista para el documental *Living with Michael Jackson* comentó:

> Nunca me miraba en el espejo. Apagaba todas las luces porque de adolescente tenía un acné terrible. Era difícil enfrentar al público. Una vez estábamos en un aeropuerto, creo que en Virginia y una señora nos reconoció. Indagó por mí y cuando me vio preguntó asqueada qué me había pasado. Quería morirme por lo que había dicho. Mi padre y unos primos se burlaban de mi cutis y nariz gruesa.[14]

Todo esto le dejó una profunda cicatriz emocional.

Por estas razones, el artista se realizó varias cirugías plásticas en su rostro y cuello, así como se sometió a un procedimiento para dejar su barbilla partida. Su nariz sufrió numerosas modificaciones pues tenía una hendidura por un lado y el puente entre las fosas nasales fue retirado.

Al pasar los años Jackson visitó el quirófano una y otra vez. No solo para cambiar su nariz sino que su rostro casi por completo. La prensa le dio el mote de «Wacko Jacko».[15]

Su cabello era una peluca la cual estaba sujeta por pegamento permanente. El artista solo tenía algunos mechones de su propio pelo por los lados y detrás de su cabeza. Estaba prácticamente calvo debido a las quemaduras sufridas en 1984.

Michael nunca se recuperó emotivamente del asunto y se acomplejaba profundamente de su apariencia. Se volvió extremadamente paranoico por la gente que lo rodeaba. Se sintió dañado, herido y traicionado.

También adquirió un hábito que con el tiempo le quitaría la vida: mientras se recuperaba de sus heridas consumió muchos analgésicos, estos dieron inicio a múltiples adicciones futuras. A pesar de ser el blanco de la prensa mantuvo ese secreto por más de un cuarto de siglo. Con el pasar de los años Jackson se hizo dependiente de los sedantes, el alcohol, los ansiolíticos, la morfina y el demerol, una versión médica de la heroína.

---

14. Shaw, J. (Productor) y BASHIT, M. (Director). (2003). *Living with Michael Jackson* [Documental]. Granada Television. Reino Unido: American Broadcasting Company, ITV.
15. Término ofensivo con el que se insulta deliberadamente a alguien, considerado como no convencional, impredecible o inusual.

Michael siempre prefirió la compañía de los niños, a los que invitaba a visitarlo frecuentemente a su rancho Neverland, ubicado en Santa Ynez, California. En 1993, fue acusado de violar a un niño de 13 años llamado Jordan Chandler. Esta historia ocupó los titulares noticiosos por varias semanas. La opinión pública lo atacó fuertemente. Paralelamente, ingresó por corto tiempo a un programa de rehabilitación para combatir su adicción a los calmantes.

Las investigaciones no avanzaron y Jackson demandó por extorsión a sus acusadores. Nunca le fueron impuestos cargos y el problema fue resulto fuera de la corte a comienzos de 1995. Jackson pagó entre 18 y 20 millones a los familiares. Muchos pensaron que el arreglo fue su declaración de culpabilidad y cuando contrajo nupcias con Lisa Marie Presley (hija de Elvis Presley), en agosto de 1994, el matrimonio fue acogido como una movida publicitaria desesperada para rehabilitar su imagen. La pareja se divorció 19 meses después.

Según declaró su primera novia había sido Tatum O´Neal, pero nunca habían tenido relaciones sexuales.

El 30 de junio de 2009, cinco días después de su muerte y dieciséis años después de los supuestos sucesos delictivos, Chandler, el niño implicado, ya adulto, declaró públicamente que el cantante nunca lo había tocado y que había mentido obligado por su padre para salir de la pobreza con el dinero que la compañía aseguradora de la gira de *Dangerous* entregó mediante el acuerdo extrajudicial a la familia del niño para evitar el juicio.

Historia, pasado, presente y futuro

Me gusta mejorar, no me gusta dar un paso atrás.

Michael Jackson

History: *Past, Present and Future, Book 1* fue lanzado al mercado en 1995. Este fue un *set* de dos discos, uno de material nuevo y otro compuesto por sus grandes éxitos remasterizados digitalmente. El álbum debutó en la posición cimera de la *Billboard*, pero su formato no fue del agrado de sus *fans* que ya poseían sus éxitos y lo inédito no fue lo suficientemente atractivo como para que valiera la pena el gasto extra. El disco fue decepcionante para algunos que no pudieron costearlo. El libro contiene 52 páginas con dibujos, fotos de Michael y sus amigos, testimonios y una lista de logros del artista.

Pero como siempre se incluyeron cosas interesantes: el sencillo «Scream», interpretado a dúo con su hermana Janet, debutó en la quinta posición y su *video clip* se enmarcó como el más costoso hasta ese momento, con una producción que ascendió a siete millones de dólares. El siguiente sencillo «You are not alone», debutó en la primera posición de la lista *Billboard Hot 100* y ayudó a resarcir en parte lo invertido. Michael cantó lo que tenía en mente. Este álbum fue muy agresivo y personal en sus textos.

Scream se filmó en los Estudios Universal. Cada vez que Michael hacía un video era un acontecimiento y en esta oportunidad también hizo historia, pues costó más de siete millones de dólares, cifra récord. La locación se convirtió en una nave espacial que fue una metáfora del vacío que había en sus vidas. Michael y Janet a veces no eran vistos como seres humanos. Por supuesto que lo eran, pero es una manera surrealista de decir «estamos en el espacio exterior y nos conectamos el uno con el otro como hermanos». Lo dirigió Mark Romanek, quien también hizo videos para Madonna, Nine Inch Nails, Lenny Kravitz, En Vogue y REM.

Este tema no solo fue una colaboración entre dos artistas sino la unión de dos campos creativos. Fue un grito de guerra que mostró un Michael enojado y en ofensiva en contra de sus críticos.

En el álbum participaron Slash, The Notorius B.I.G, el baloncestista Shaquille O´Neall, R Kelly y Boyz II Men.

«They don't care about us» fue otro de los sencillos extraídos del disco que se lanzó al mercado el 31 de marzo de 1996. Se promocionó con dos versiones de vídeos musicales. Uno en donde Michael figuraba como preso en una cárcel y que se clasificó como el vídeo original y otro bailando en las calles de Brasil, en Pelourinho, centro histórico de la ciudad de Salvador de Bahía y en Doña Marta, favela de Rio de Janeiro. El grupo cultural brasileño Olodum colaboró en la filmación.

Ambos audiovisuales fueron dirigidos por Spike Lee quien en el *making of*, declaró:

> Michael vino a mi casa en Brooklyn y charlamos por horas sobre las películas y la música que nos gustaban. Le dije que en su nuevo disco había una canción que me llamaba la atención particularmente, la balada Stranger in Moscow, ahí me preguntó si yo hacía videos musicales y le mostré los que había dirigido. Unos días después me llamó y me dijo que quería que hiciera *Stranger in Moscow*, pero que primero probáramos con «They don't care about us».

> El concepto original no era el hacer dos videos musicales sino la mezcla de ambos. Michael quería algo potente, con un nuevo enfoque. Quería mostrar imágenes violentas, con los hombres que parecen menospreciar a sus hermanos y hermanas y su intento por destruir el ideal de Michael. Se grabó en una prisión con muchos convictos en New York. Después fuimos a Brasil lo que fue realmente fascinante porque se puede ver todo el amor que esas personas le tienen a Michael.

> La filmación de *They don't care about us* fue el punto culminante de mi carrera e incluyo mis largometrajes. También creo que lo que hicimos allá fue histórico. Michael quiere que todo lo que hace sea histórico. Quiere ser el mejor de todos los tiempos. Es una gran actitud y manera de pensar. Es responsable por todo lo que ha hecho y de la posición en que está. Siempre quiso que este fuera el mejor cortometraje de su vida pues nunca lo llamó *video clip*.[16]

En agosto de 2018, *The Eagles their greatest hits* (1971-1975) alcanzó a *Thriller*, como los más vendidos de la historia. Además el álbum de *remixes Blood on the Dance Floor* (1997) alcanzó la categoría platino. El *clip* del tema *Ghosts*, fue dirigido por Stan Winston y escrito por Jackson y Stephen King. Tuvo una duración de más de 38 minutos y por ello ingresó al Libro Guinness de los Récords como el vídeo musical de mayor extensión.

Michael buscó superar su éxito de *Thriller* con este video. Su rodaje duró seis intensas semanas. En el *making of*, Michael comentó:

16. Morrison, Tim. *Spike Lee Remembers Michael Jackson*. June 29, 2009. Disponible en: http://content.time.com/time/arts/article/0,8599,1907529,00.html

Es divertido tener miedo. Así que quería que ese fuera el enfoque, de la diversión al miedo como en una montaña rusa, con todas esas emociones. Conozco al director, Stan Winston desde que yo tenía 16 años de edad. Él hizo los efectos especiales de la película *The Wiz* donde yo interpreté al espantapájaros. Me gusta ser el pionero de las nuevas ideas. Siempre busco innovar, no me gusta repetirme. No voy a dejar que la gente diga la palabra "video", ese es un tema tabú aquí. Podemos decir que esta es una película corta. La vanguardia de hoy será un clásico mañana. Sé lo que quiero hacer y tengo voluntad de hierro. Si todo el mundo dice no, decimos que sí. Espero que sirva de inspiración para mucha gente. Espero que les haga reír y llorar.

Me encantó hacer el personaje del alcalde. Verme con una cara diferente fue como una ilusión óptica. Es realmente extraño. De veras me gustaría ser el alcalde, prefiero ser el alcalde que yo, no su personalidad quiere decir, sino porque me agrada hacer cosas que no puedo hacer. No he podido ir en auto con mi madre desde hace 10 años y yo estaba en el asiento delantero maquillado como el alcalde de vuelta a casa y nadie me miró. No puedo hacer eso en otro sitio. Bajé del carro, nadie me reconoció ni me siguió. Esto sería genial para que yo pueda ir a Disneyland, sentarme en un banco y observar a la gente por allí.[17]

Su director Stan Winston también comentó al respecto:

Michael y yo hablamos mucho tiempo sobre crear algo especial, algo que el público no haya visto antes. Jackson interpretó todos los personajes y tuvo que bailar como nunca antes. Estuvo en todas las tomas y bailó con trajes y maquillaje pesados. Se inclina y se quita dejando al descubierto su esqueleto que baila como solo Michael sabe hacerlo. Los bailarines se suben por las paredes y el techo de la casa. Se les ve caminar sobre el suelo y luego por las columnas. Realmente es una toma imposible que fue filmada con pantalla verde al revés con todo lo del baile. Un trabajo fantástico.[18]

---

17. Disponible en: http://tributomj.com/blog01/2009/08/23/pelicula-*ghosts*-michael-jackson-o-macro-video/
18. *Blog assembled* by Balázs Földesi with selections from The Winston Effect: The Art and History of Stan Winston Studio by Jody Duncan. Disponible en: https://www.stanwinstonschool.com/blog/michael-jackson-ghosts-1997

El video *clip* de *Blood on the dance floor* fue dirigido por Jackson y Vincent Paterson. Su premiere en el Reino Unido se realizó en el programa televisivo Top of the Pops el 28 de marzo de 1997 y en él aparece la sensual bailarina Sybil Azur. *History on Film, Volume II*, colección de videos musicales y presentaciones televisivas de Jackson durante la era promocional del disco *History de 1995–1997* fue lanzada al mercado el mismo día que el disco *Blood on the dance floor*.

Michael siempre tuvo problemas con la prensa. Para demostrar su desconfianza y desaprobación con la misma, cantó el tema «Tabloid junkie» en 1995. También ese año interpretó «Dangerous» y «You are not alone» en el espectáculo por el 25 aniversario del programa televisivo *Soul Train* y fue incluido en su Salón de la Fama.

Jackson contrajo matrimonio nuevamente a finales de 1996, esta vez con la enfermera de dermatología Debbie Rowe. Tras dos años la pareja tuvo dos hijos con el método de inseminación artificial: Michael Joseph "Prince" Jackson, Jr. nacido en 1997 y un año después la niña Paris-Michael Katherine Jackson. Se divorciaron a finales de 1999. Rowe recibió un acuerdo de ocho millones de dólares y una casa en Beverly Hills. Documentos judiciales indican que había firmado un acuerdo prenupcial, por lo que no pudo conseguir un reparto equitativo de los bienes comunes bajo la ley de California.

Michael es padre de otro niño, Prince Michael Jackson II también conocido como Blanket, la identidad de la madre es desconocida. La nana Grace Rwaramba fue contratada para su cuidado.

El hogar de Michael, Neverland, es una hacienda de 1.214 hectáreas ubicada a tres horas en auto al norte de la ciudad de Los Angeles. Inspirada en el cuento infantil Peter Pan es una fantasía multimillonaria hecha por el hombre. Posee un parque de diversiones, existe un zoológico con jirafas, elefantes, tigres y dos orangutanes.

En una entrevista realizada para el documental *Living with Michael Jackson*, la estrella comentó:

> Peter Pan representa algo muy especial en mi corazón. Representa la juventud, la niñez, el no crecer jamás, la magia, volar...es lo que representan los niños y es toda la curiosidad y la magia. Yo nunca he dejado de amar eso, o de tenerlo en mi vida.[19]

En 2001 Jackson fue incluido en el Salón de la Fama del Rock & Roll Hall y realizó un masivo concierto en el Madison Square Garden celebrando el 30 aniversario de su primera grabación en solitario. En el recital se presentó junto a sus hermanos, algo que no pasaba desde el Victory Tour.

19. SHAW, J. (Productor) y BASHIT, M. (Director). (2003). *Living with Michael Jackson* [Documental]. Granada Television. Reino Unido: American Broadcasting Company, ITV.

Tras los sucesos del 11 de septiembre de 2001 grabó un sencillo benéfico, «What more can I give». Su nuevo trabajo discográfico *Invincible* fue lanzado al mercado a finales del año. Debutó en la cima de las listas y alcanzó la categoría doble platino. Sus sencillos «You rock my world» y «Butterflies »decepcionaron.

El sencillo y el video de «What more can I give» fueron cancelados por la disquera Sony Record pues se comprobó que su productor ejecutivo Marc Schaffel había trabajado en pornografía. Sony y Jackson comenzaron una Guerra de prensa en el verano del 2002 pues la firma pidió 200 millones de dólares para resarcir sus pérdidas. Sony Music desmintió la noticia.

Number ones (2003), disco compilatorio de sencillos que incluyó la canción inédita «One more chance» fue muy bien recibido. *The ultimate collection* vio la luz un año después e incluyó el demo original de «We are the world».

La revista especializada *Rolling Stone* lo ubicó en el lugar treinta y cinco entre los 100 Mejores Artistas de la historia. Michael ubicó veinte y nueve sencillos en la lista de la *Billboard Hot 100*, incluidos trece números uno, la mayor cantidad para un artista masculino en la historia.

No todo fue de color rosa para Michael, un nuevo juicio por abuso sexual al menor Gavin Arvizo comenzó en enero de 2005 y fue absuelto el 14 de junio tras un ataque desgarrador de la prensa. Debido al *stress* sufrido se mudó para Bahrein a trabajar en un nuevo material. Los discos *The essential* Michael Jackson y *Visionary* fueron el resultado del cambio.

Jackson anunció un ambicioso retorno para inicios del 2009. *This is it*, producida por Kenny Ortega, incluiría una serie de diez conciertos en la O2 Arena de Londres a comenzar el 8 de julio tras lo cual se retiraría definitivamente de los escenarios.

Antes de comenzar la preparación de la gira, les contó a todos lo emocionado que estaba por poder salir a la luz y reclamar su corona como el Rey del pop además de poder mostrarles a sus hijos lo que era capaz de hacer en el escenario global.

Michael ensayó intensamente en la primavera, pero en la tarde del 25 de junio fue encontrado sin conocimiento en su casa alquilada de Holmby Hills. Fue trasladado al centro médico de las Universidad de Los Angeles donde falleció a las 2:26 de la tarde. Michael tenía cincuenta años.

Su cadáver fue analizado por un equipo de médicos especializados quienes declararon su muerte como homicidio, debido a una intoxicación aguda con el anestésico propofol sumado a un factor contribuyente correspondiente a las benzodiacepinas suministradas por su médico personal Conrad Murray.

La autopsia reveló que su corazón estaba en buen estado y que realmente padecía de vitiligo, en las zonas más oscuras de su piel había manchas claras y parecía que la piel había dejado de producir pigmento. Michael se vio forzado a utilizar la droga Benoquin para aclarar su piel en las áreas no afectadas. El dermatólogo Arnold Kline trató a Michael por más de 25 años.

Además en los ensayos le faltaba el aire y estaba rígido. Tenía osteoartritis en algunos de sus dedos y en su columna vertebral.

Sus pulmones mostraban una inflamación extensa además de tejido cicatrizado. Una posible explicación estaba escrita en el rostro de Jackson. Cerca de sus 20 años desarrolló un enrojecimiento simétrico en sus mejillas. Un clásico síntoma de otra extraña enfermedad de la piel, *Lupus Discoide* que causa una caída de pelo en partes del cuerpo y además daña los labios. Jackson poseía tatuajes oscuros en sus cejas y párpados, así como tatuajes de color rosa en sus labios.

El *Lupus* también podía explicar el hábito que tenía de protegerse del sol pues deja la piel muy sensible a la luz del día. Esta enfermedad es auto inmune y provoca que el cuerpo se ataque a sí mismo en varios órganos.

Su funeral realizado en Staples Center de la ciudad de Los Ángeles el 7 de julio de 2009 fue trasmitido en vivo para más de dos mil millones de personas.

En el evento participaron Stevie Wonder, Lionel Richie, Mariah Carey, John Mayer, Jennifer Hudson, Usher, Jermaine Jackson y Shaheen Jafargholi. Berry Gordy y Smokey Robinson ofrecieron sus condolencias, mientras que Queen Latifah leyó el poema "We had him", el cual fue escrito para la ocasión por Maya Angelou. Su entierro fue llevado a cabo el 3 de septiembre en el Forest Lawn Memorial Park en Glendale, California al que asistieron más de 200 invitados. Conrad Murray fue declarado culpable y sentenciado por homicidio involuntario a cuatro años de privación de libertad.

Tras su muerte el interés por su música alcanzó un nivel insospechado. Fueron lanzados al mercado un sinnúmero de grabaciones, *Michael Jackson: The remix suite, Michael Jackson's this is it*, banda sonora del documental que recoge sus ensayos, el DVD *Michael Jackson's vision* y *Michael*, que contiene una colección de tomas finalizadas tras la grabación de *Invincible* y algunas que se remontan al tiempo de *Thriller*.

This is it, CD/DVD fue lanzado al mercado el 26 de octubre de 2009. Este trabajo reúne canciones grabadas en los ensayos, algunos temas inéditos y un poema de Michael titulado "Planet Earth".

El documental fue estrenado el 28 de octubre y aborda los últimos ensayos musicales para la gira antes de su muerte, a través de una recopilación de vídeos que filmó el equipo técnico. El álbum y la película recaudaron más de 250 millones de dólares.

Epic Records celebró el 25 aniversario del disco *Bad* con una edición expandida. Además vio la luz el DVD *Live at Wembley* 7.16.1988. Sony Music Entertainment firmó un contrato con su familia por 250 millones de dólares en 2010, para retener los derechos de distribución de sus discos y lanzar al mercado siete álbumes póstumos hasta 2017.

La compañía Cirque du Soleil presentó el espectáculo *Michael Jackson: The immortal world tour* en Montreal en octubre de 2011 con un *show* permanente en Las Vegas. Con una duración de 90 minutos y un costo de 57 millones, el *show* fue escrito y dirigido por Jamie King.

Xscape (2014) repleto de canciones nuevas con toques clásicos y contemporáneos, fue producido para Epic por L.A. Reid y Timbaland. El álbum alcanzó la segunda posición de la *Billboard*. El éxito «Love never felt so good», un *featuring* con Justin Timberlake se incluyó en el Top Ten.

Off the Wall, el álbum original y el documental *Michael Jackson´s Journey* from *Motown to Off the Wall* fueron lanzados al mercado en formato CD/DVD el 26 de febrero de 2016.

Este documental, dirigido por Spike Lee, tuvo su premiere mundial en el Festival de Sundance el 24 de enero de 2016. Incluye materiales del archivo personal de Jackson, entrevistas con talentosos artistas de hoy en día y familiares. Cabe señalar que el propio Michael hace una crónica de sus comienzos y la grabación de este álbum seminal. Es una mirada exhaustiva a este capítulo de su vida que ha sido escasamente examinado, sus inicios en Motown, su paso a CBS Records y su relación con el legendario productor Quincy Jones.

La vida de Jackson estuvo repleta de confusión y controversia. Su doctor personal Conrad Murray terminó por fallarle. Desde el momento que se conocieron el destino de Michael estuvo sellado.

Michael Jackson fue un hombre con numerosos problemas físicos y psicológicos y para poder sobrellevarlos cayó en la adicción a las drogas. Nunca usó estas medicinas peligrosas como son realmente prescriptas por los médicos, lo que lo llevó a la muerte.

Discografía de Michael Jackson

Junto a The Jackson 5, The Jacksons y como artista solista [20]

Diana Ross Presents The Jackson 5 (con The Jackson 5)

(Motown Records) 18/12/1969

Larga duración debut de The Jackson 5 grabado entre mayo y agosto de 1969 en los estudios Motown's Hitsville de Detroit, Michigan y Motown Recording de Los Angeles, California. Producido por Bobby Taylor y The Corporation.[21] Los arreglos estuvieron a cargo de The Corporation, Dave Blumberg, Paul Riser y David Van Depitte. Como productor ejecutivo fungió Berry Gordy.

Este trabajo inició la era del *crossover* entre el *soul* y el *pop*. Se denotan fuertes influencias de Sly and The Family Stone, James Brown y Funkadelic. Participaron en la grabación Deke Richards en la guitarra, Freddie Perren y Fonce Mizell en los teclados. Alcanzó la quinta posición en la lista de la *Billboard* y ocupó la cima de la lista R&B por nueve semanas. El título del álbum sugiere que Diana Ross descubrió el grupo, sin embargo fue nombrado así por cuestiones de *marketing* y promoción, así como para impulsar la transición a solista de la Ross. Los sencillos «I want you back» y «Who's loving you» vendieron más de dos millones de copias en seis semanas.

---

20. según www.allmusic.com.
21. The Corporation no son más que los compositores y productores Gordy, Richards, Mizell y Perren.

The Jackson 5 grabaron otras canciones con Bobby Taylor durante esas sesiones del verano de 1969 que estuvieron guardadas en los archivos de Motown Records por años. Entre ellas se destacan los *covers* «A fool for you», de Ray Charles, «Reach out, I'll be there», de The Four Tops, «It's your thing», de The Isley Brothers y «Oh, I've been blessed», del propio Taylor. Estos temas fueron incluidos en varias compilaciones de la banda así como en el *boxed set Soulsation!*

«I want you back» fue ubicada por la revista especializada *Rolling Stone* en la posición 121 de su lista de las 500 mejores canciones de todos los tiempos. Lanzada al mercado el 7 de octubre de 1969, se le ofreció primeramente a Gladys Knight & the Pips y a Diana Ross, con el título «I wanna be free». Vendió más de seis millones de copias. Fue incluida en el Salón de la Fama de los Grammy en 1999.

El *cover* «Who's lovin' you», producido por Bobby Taylor fue grabado el 7 de agosto de 1969. The Funk Brothers fueron los músicos acompañantes. Fue interpretada por los hermanos en su primera presentación en el programa televisivo *The Ed Sullivan Show*.

Cara A

1- Zip-A-Dee-Doo-Dah / 3:18

Tema compuesto por Ray Gilbert y Allie Wrubel. Michael y Tito Jackson voces principales. Incluido en la banda sonora del filme de Walt Disney, Song of the South.

2- Nobody / 2:54

Tema compuesto por The Corporation. Michael y Jermaine ,voces principales.

3- I want you back / 3:04

Tema compuesto por The Corporation. Michael, Jermaine, Jackie, Tito y Marlon voces principales. Número 1 de la Billboard en enero de 1970. Gran presencia del *doo-wop* y el *bubblegum pop*.[22] El sencillo tuvo como cara B a «Who's lovin' you.»

---

22. El *bubblegum pop* o música bubblegum o simplemente bubblegum es un género musical de la música pop de carácter melódico y ritmo animado, comercializado para atraer a los adolescentes. El período clásico del bubblegum tuvo lugar desde 1967 hasta 1972. La segunda oleada de bubblegum comenzó dos años más tarde y funcionó hasta 1977 cuando el disco tomó el mando y el punk rock apareció (algunos críticos han dicho que el bubblegum

4- Can you remember / 3:10

Tema compuesto por Thom Bell y William Hart. Michael y Jermaine Jackson, voces principales. Popularizado originalmente por The Delfonics.

5- Standing in the shadows of love / 4:06

Tema compuesto por Holland-Dozier-Holland. Michael y Jermaine Jackson, voces principales. Popularizado originalmente por The Four Tops

6- You've changed / 3:16

Tema compuesto por Jerry Reese. Michael voz principal. Nueva versión del tema originalmente grabado por la banda en 1967 como cara B de su sencillo «Big boy», lanzado al mercado por la disquera Steeltown Records.

Cara B

1- My cherie amour / 3:44
Tema compuesto por Stevie Wonder, Sylvia Moy y Hank Cosby. Jermaine voz principal. Popularizado originalmente por Stevie Wonder.

2- Who's lovin' you / 4:06
Tema compuesto por Smokey Robinson. Michael voz principal. Popularizado originalmente por The Miracles. Ocupó la primera posición en la lista R&B de la *Billboard*. Me gusta más la versión de The Jackson 5.

3- Chained / 2:54
Tema compuesto por Frank Wilson. Michael y Jermaine voces principales. Popularizado originalmente por Marvin Gaye.

4- (I know) I'm losing you / 2:16
Tema compuesto por Norman Whitfield y Eddie Holland. Jermaine voz principal. Popularizado originalmente por The Temptations.

5- Stand! / 2:30

influenció al *punk*).

Tema compuesto por Sylvester Stewart. Michael, Marlon y Jermaine Jackson, voces principales. Popularizado originalmente por Sly and The Family Stone.

6- Born to love you / 2:38
Tema compuesto por Ivy Jo Hunter, William "Mickey" Stevenson. Michael y Jermaine Jackson, voces principales. Popularizado originalmente por The Temptations.

ABC (con The Jackson 5)

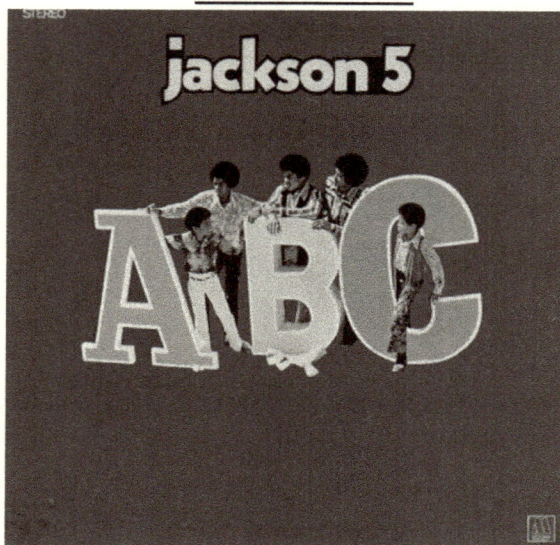

Segundo álbum de la agrupación, considerado su mejor trabajo a comienzos de los años 70. El talento colectivo y personal de cada uno de los integrantes de la banda produjo un excelente material que, acompañado por un excelente equipo técnico provisto por Motown Records, los catapultó a la cima de la lista R&B por doce semanas y ocupó la cuarta posición en la *pop*. Con *ABC* alcanzaron un éxito enorme. Cabe destacar su sencillo de doble cara «The love you save/«I found that girl» que alcanzó el reconocimiento de la crítica y el público.

Fungieron como productores The Corporation y Hal Davis y como productor ejecutivo Berry Gordy. Participaron los músicos acompañantes Deke Richards, David T. Walker, Louis Shelton y Don Peake en las guitarras, Freddie Perren y Fonce Mizell en los teclados, así como Bass Wilton Felder en la bajo, Gene Pello en la batería. Fue grabado en el Motown Recording Studio de Los Ángeles, California.

El sencillo *ABC* con la cara B «The young folks» fue lanzado al mercado el 24 de febrero de 1970.

Fue ubicado por la cadena televisiva VH1 en la posición 98 entre los 100 mejores álbumes de todos los tiempos. Vendió un estimado de 5.7 millones de copias.

Cara A

1- The love you save /3:01

Tema compuesto por The Corporation. Michael voz principal. Fue lanzado al mercado el 13 de mayo de 1970. Número 1 de la *Billboard* del 27 de junio al 4 de julio de 1970. Ocupó la séptima posición de la lista Top 40 del Reino Unido en agosto de ese año. Se nota la influencia del tema «Stop! In the name of love», interpretado por The Supremes en 1965.

2- One more chance /2:59

Tema compuesto por The Corporation. Michael voz principal.

3- ABC /2:56

Tema compuesto por Berry Gordy, Jr., Alphonso Mizell, Freddie Perren y Deke Richards. Michael voz principal, mi tema favorito del disco, ocupó la cima de la lista de la *Billboard* en 1970, sustituyendo en esa posición al éxito de The Beatles, «Let it be». Fue escuchado por primera vez en el programa televisivo American Bandstand de la cadena ABC el 21 de febrero de 1970.

4- 2-4-6-8 /2:55

Tema compuesto por Gloria Jones y Pam Sawyer. Michael, voz principal.

5- (Come 'round here) I'm the one you need /2:46

Tema compuesto por Lamont Dossier, Brian Holland y Eddie Holland. Michael voz principal. Originalmente popularizado por Smokey Robinson & the Miracles.

6- Don't know why I love you /3:47

Tema compuesto por Lula Mae Hardaway, Don Hunter, Paul Riser y Stevie Wonder. Michael, voz principal.

1- Never had a dream come true /2:58
Tema compuesto por Henry Cosby, Sylvia Moy y Stevie Wonder. Michael voz principal. Originalmente popularizado por Stevie Wonder e incluido en su LP *Signed, Sealed & Delivered* (1970).

2-True love can be beautiful /3:24
Tema compuesto por Leonard Caston y Bobby Taylor. Michael voz principal.

3- La-La (Means I love you) /:52
Tema compuesto por Thom Bell y William *Poogie* Hart. Michael, voz principal.

4- I'll bet you /2:26
Tema compuesto por Sidney Barnes, George Clinton y Patrick Lindsey. Michael, voz principal. Originalmente popularizado por Funkadelic.

5- I found that girl /2:57
Tema compuesto por The Corporation. Jermaine voz principal. Número 1 de la *Billboard*.

6-The young folks /2:50
Tema compuesto por George Gordy y Allen Story. Michael, voz principal. Originalmente popularizado por The Supremes.

Third Album (con The Jackson 5)
(Motown Records) 8/09/1970

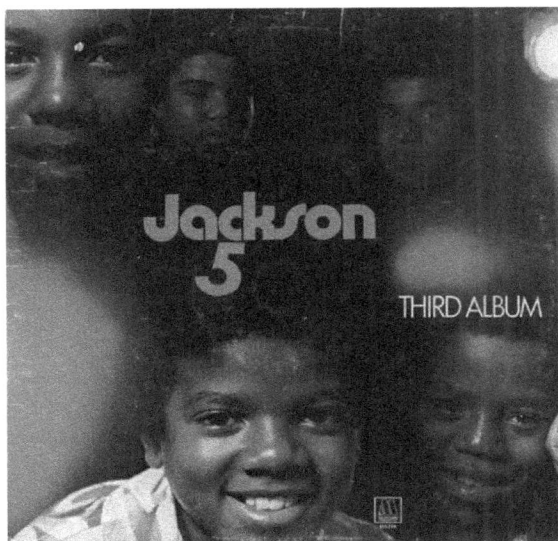

Producido por The Corporation y Hal Davis. El productor ejecutivo fue Berry Gordy y se grabó en los estudios Motown's Hitsville de Los Angeles, California. Ocupó la cima de la lista R&B de la *Billboard* y la cuarta posición en el apartado pop. Vendió más de seis millones de copias. Fuerte influencia del sonido Motown.

En «I'll be there» se denota la influencia del tema «Reach out i'll be there», interpretado por The Four Tops en 1966. En su autobiografía titulada *Moonwalk*, Michael expresó que esta fue la canción que consolidó su carrera y que le mostró a la audiencia que podían hacer mucho más que *bubblegum pop*. El sencillo vendió 4.2 millones de copias en los Estados Unidos y 6.1 millones a nivel global. Superó a «I Heard It Through the Grapevine», de Marvin Gaye como el sencillo más exitoso lanzado al mercado por la Motown en los Estados Unidos, récord que mantuvieron hasta la salida al mercado en 1981 de Endless Love, interpretado por Lionel Richie y Diana Ross.

Cabe señalar que «I Heard It Through the Grapevine» se mantiene como el sencillo de la Motown más vendido fuera de los Estados Unidos con más de siete millones de copias.

«I'll Be There» fue el último sencillo número 1 de los Jackson 5 como grupo. Mama's Pearl fue lanzado al mercado el 7 de enero de 1971.

1- I'll be there /3:58
Tema compuesto por Hal Davis, Willie Hutchison, Berry Gordy, Jr. y Bob West.. Michael y Jermaine Jackson voces principales, mi tema favorito del grupo, fue lanzado al mercado como sencillo el 28 de agosto de 1970. Ocupó la cima de la lista de la *Billboard* por cinco semanas del 17 de octubre hasta el 14 de noviembre. Su cara B fue One More Chance (incluida en el segundo disco de la banda). Ocupó la cuarta posición de las listas en el Reino Unido. Mariah Carey interpretó una versión del tema en 1992.

2- Ready or not (Here I come) /2:33
Tema compuesto por Thomas Bell y William Hart. Popularizado por The Delfonics un año antes. Michael voz principal.

3- Oh how happy /2:16
Tema Compuesto por Charles Hatcher. Popularizado originalmente por «The Shades of Blue». Jermaine y Michael Jackson, voces principales.

4- Bridge over troubled water /5:49
Tema compuesto por Paul Simon y popularizado por el dúo Simon&Gartfunkel. Jermaine voz principal.

5- Can I see you in the morning? /3:08
Tema compuesto por Deke Richards. Michael voz principal.

1- Goin'back to Indiana /3:31
Tema compuesto por Berry Gordy, Jr., Alphonso Mizell, Freddie Perren y Deke Richards. Autobiográfico. Michael voz principal.

2- How funky is your chicken /2:40
Tema compuesto por Lester Carr, Richard Hutch y Willie Hutch. Michael, Jermaine y Jackie, voces principales.

3- Mama's Pearl /3:07
Tema compuesto por Berry Gordy, Jr., Alphonso Mizell, Freddie Perren y Deke Richards. Fuerte presencia del funky. Participaron en su grabación Deke Richards en la guitarra, así como Freddie Perren y Fonce Mizell en los

teclados. Michael, Jermaine y Jackie voces principales. Fue lanzado al mercado como sencillo el 7 de enero de 1971. Ocupó la segunda posición de la *Billboard* por dos semanas.

4- Reach in /3:27
Tema compuesto por Beatrice Verdi. Jermaine y Michael, voces principales.

5- The love I saw in you was just a mirage /4:20
Tema compuesto por Smokey Robinson y Marvin Tarplin. Popularizado por Smokey Robinson & the Miracles en el álbum *Pocket Full of Miracles* (1970). Michael voz principal.

6- Darling Dear /2:37
Tema compuesto por George Gordy, Rosemary Gordy y Allen Story. Michael, voz principal.

Jackson 5 Christmas Album (con The Jackson 5)
(Motown Records)15/10/1970

Disco producido por The Corporation (Deke Richards, Freddie Perren, Fonce Mizell y Berry Gordy Jr.). Único álbum festivo grabado por la agrupación. «Santa Claus is comin' to town» fue el sencillo extraído del LP. Se mantuvo cuatro semanas en la cima de la lista *Christmas Albums*, acápite especial de la

Billboard que la revista publicó en diciembre de 1970. Vendió 3.5 millones de copias y fue el álbum más vendido entre los dedicados a las navidades ese año. Los Jackson 5 llenaron de espíritu juvenil estas composiciones navideñas tradicionales gracias a su mezcla de pop, R&B y soul.

Se remasterizó en 2003 con el *bonus track* «Christmas Tree». También se lanzó al mercado en 2009 con el título *Ultimate Christmas Collection*, con mensajes de los artistas, *remixes*, y un *medley* nombrado *J5 Christmas Medley*.

Cara A

1-Have yourself a Merry Little Christmas /5:19
Tema compuesto por Felix Bernard, Ralph Blane y Hugh Martin.

2-Santa Claus is comin' to town /2:24
Tema compuesto por J. Fred Coots y Haven Gillespie.

3-The Christmas song / 2:45
Tema compuesto por Robert Wells y Mel Tormé.

4-Up on the House Top /3:16
Tema tradicional.

5-Frosty the Snowman / 2:39
Tema compuesto por Steve Nelson y Jack Rollins.

Cara B

1-The little drummer boy /3:15
Tema compuesto por K.K. Davis, Henry Onorati y Harry Simeone.

2-Rudolph the Red-Nosed reindeer /2:32
Tema compuesto por Johnny Marks.

3-Christmas won't be the same this year /2:31
Tema compuesto por Pam Sawyer y LaVerne Ware.

4-Give love on Christmas day /2:44
Tema compuesto por Berry Gordy, Jr., Fonce Mizell, Freddie Perren y Deke Richards. También fue interpretado por The Temptations.

5-Someday at Christmas /:44
Tema compuesto por Ron Miller y Bryan Wells. También fue interpretado por The Temptations, Stevie Wonder y Diana Ross.

6-I saw Mommy kissing Santa Claus /3:01
Tema compuesto por Tommie Connor.

En la remasterización realizada en el 2003 se le agregó el *track* «Christmas Tree » compuesto por Art Wayne y con una duración de 3:37.

Maybe Tomorrow (con The Jackson 5)
(Motown Records) 12/04/1971

Fue producido por Bobby Taylor & The Corporation. Los arreglos estuvieron a cargo de The Corporation, Dave Blumberg, Paul Riser y David Van Depitte. Berry Gordy fue el productor ejecutivo y fue grabado en los estudios Motown's Hitsville de Detroit, Michigan y el Motown Recording Studio de Los Angeles, California. Vendió 3.5 millones de copias. Se denota un ligero declive en la popularidad del grupo.

Fuertemente influenciados por el reciente éxito de «I'll be there», mantuvieron la receta de baladas interpretadas por Michael con «Never can say goodbye» y «Maybe tomorrow».

«Never can say goodbye» ocupó la segunda posición de la *Billboard* por tres semanas y fue versionada por Gloria Gaynor en 1974. Lo mejor del disco. Excepcional el trabajo armónico en los coros.

«Maybe tomorrow» ocupó la posición 20 en la lista de la *Billboard* siendo el primer sencillo de la banda en no incluirse en el top 5.

La banda comenzó a madurar, pero en algunas canciones nos desilusionan transitando por caminos trillados. Domina el facilismo. Michael aún se destaca pero no alcanza la calidad vocal de sus primeros sencillos. La cara A contiene todas la baladas superando por mucho a la cara B. «It's great to be here» es lo más destacado de la segunda parte del disco.

Cara A

1-Maybe tomorrow /4:41
Tema compuesto por The Corporation. Lanzado al mercado en junio de 1971. Michael, voz principal.

2-She's good /2:59
Tema compuesto por The Corporation.

3-Never can say goodbye /2:57
Tema compuesto por Clifton Davis. Lanzado al mercado el 16 de marzo de 1971. Michael voz principal. Mi tema favorito del disco.

4-The wall /3:03
Tema compuesto por Mel Larson, Jerry Marcellino y Pam Sawyer.

5-Petals /2:34
Tema compuesto por The Corporation.

Cara B

1-16 Candles /2:45
Tema compuesto por Luther Dixon y Allyson R. Khentt. Interpretado originalmente por The Crests en 1958. Jermaine, voz principal.

2-(We've got) blue skies /3:21
Tema compuesto por Thomas Bee, Chris Clark, Fuller Gordy, Patrick Stephenson y Deloris Wilkinson.

3-My little baby /2:58
Tema compuesto por The Corporation.

4-It's great to be here /2:59
Tema compuesto por The Corporation.

5-Honey Chile /2:45
Tema compuesto por Richard Morris y Sylvia Moy. Originalmente interpretado por Martha & The Vandellas.

6-I will find a way /2:57
Tema compuesto por The Corporation.

Goin' Back to Indiana (con The Jackson 5)
(Motown Records) 29/09/1971

Motown Records preparó este disco para que coincidiera con la trasmisión del programa televisivo del mismo nombre que los hermanos grabaron en la cadena ABC el 16 de septiembre de 1971.

La cara A fue grabada en un concierto realizado por la banda en su ciudad natal de Gary, Indiana el 29 de mayo de 1971. El álbum vendió 2.6 millones de copias.

Cara A

1-I want you back /4:14

2-Maybe tomorrow /4:15

3-The day basketball was saved /7:59
Compuesta por B. Angelos, William M. Angelos, D. DeBenedictis y Buz Kohan.

4-Stand! /4:15

Cara B

1-I want to take you higher /2:13
Compuesta por Sylvester *Sly Stone* Stewart. Interpretada originalmente por Sly and The Family Stone.

2-Feelin' alright /4:12
Compuesta por Dave Mason e interpretada originalmente por Traffic.

3-Medley: Walk on/The love you save /4:57

4-Goin' back to Indiana /4:47

Greatest Hits (con The Jackson 5)
(Motown Records) 27/12/1971

Primer álbum grandes éxitos de la banda. Vendió un aproximado de 5.6 millones de copias. Fue lanzado al mercado en el Reino Unido en agosto de 1972.

El tema inédito «Sugar Daddy» fue grabado en el Motown Recording Studio de Los Angeles, entre abril y octubre de 1971. Fue lanzado al mercado como sencillo el 23 de noviembre de 1971 y se ubicó en el Top 10. Su cara B fue «I'm so happy».

Cara A

1-I want you back /3:04

2-ABC /2:56

3-Never can say goodbye /2:57

4-Sugar Daddy /3:04
Compuesto por The Corporation. Michael y Jermaine voces principales.

5-I'll be there /3:58

6-Maybe tomorrow /4:41

Cara B

1-The love you save /3:01

2-Who's Lovin' You /4:06

3-Mama's Pearl /3:07

4-Goin' back to Indiana /3:31

5-I found that girl /2:57

Got to be there

(Motown Records) 24/01/1972

Álbum *debut* en solitario del Rey del Pop. Grabado entre junio y noviembre de 1971. Producido por Hal Davis, The Corporation y Willie Hutch. Fue remasterizado en 2009 como parte de una compilación de tres CD titulada *Hello World: The Motown Solo Collection*.

«Got to be there» fue el sencillo *debut* de Michael lanzado al mercado el 7 de octubre de 1971 con Maria («You were the only one») como cara B y vendió 900 mil copias en los Estados Unidos y cerca de 3.2 millones en el mundo entero. Ocupó la cuarta posición de la *Billboard* y fue grabado en los estudios de la Motown, Hitsville West de Hollywood.

Michael mostró versatilidad como cantante en los temas «You've got a friend» y «Ain't no sunshine», con tonadas antológicas que demostraron que el pequeño intérprete ya estaba listo para empeños mayores y que podía ser exitoso sin la compañía de sus hermanos. Berry Gordy tomó conciencia del diamante que tenía en sus manos tras este trabajo fonográfico.

«Rockin' Robin» fue el sencillo más exitoso del disco pues alcanzó la segunda posición de la *Billboard*.

Cara A

1-Ain't no sunshine / 4:09
Compuesta por Bill Withers, un clásico del R&B.

2-I wanna be where you are / 3:00

Compuesta por Arthur *T-Boy* Ross y Leon Ware. Fue lanzado al mercado el 2 de mayo de 1972 con «We've got a good thing going» como cara B. *T-Boy* Ross es el hermano menor de Diana Ross. Fue versionada posteriormente por Zulema, Marvin Gaye, Willie Hutch, Jason Weaver y The Fugees.

3-Girl don't take your love from me / 3:46

Compuesta por Willie Hutch.

4-In our small way / 3:34

Compuesta por Beatrice Verdi y Christine Yarian.

5-Got to be there /:23

Compuesta por Elliot Willensky. Ocupó la quinta posición de las listas en el Reino Unido. Balada pop con ciertos elementos soul y rock.

Cara B

1-Rockin' Robin / 2:30

Compuesta por Leon Rene bajo el seudónimo de Jimmie Thomas. Fue lanzada el mercado el 17 de febrero de 1972 con «Love is here and now you're gone» como cara B.

2-Wings of my love / 3:32

Compuesta por Alphonso Mizell, Berry Gordy Jr., Deke Richards y Freddie Perren.

3-Maria (You were the only one) / 3:41

Compuesta por Lawrence Brown, Linda Glover, George Gordy y Allen Story.

4-Love is here and now you're gone / 2:51

Compuesta por Holland-Dozier-Holland. Originalmente popularizada por The Supremes. Fue incluida en la serie de dibujos animados inspirada en The Jackson 5 en el capitulo *Jackson And The Beanstalk* transmitido en 1971.

5-You've got a friend / 4:59

Compuesta por Carole King. También popularizada por James Taylor. Muy buena versión de Michael para cerrar el disco.

Lookin' Through the Windows (con The Jackson 5)

(Motown Records) 17/05/1972

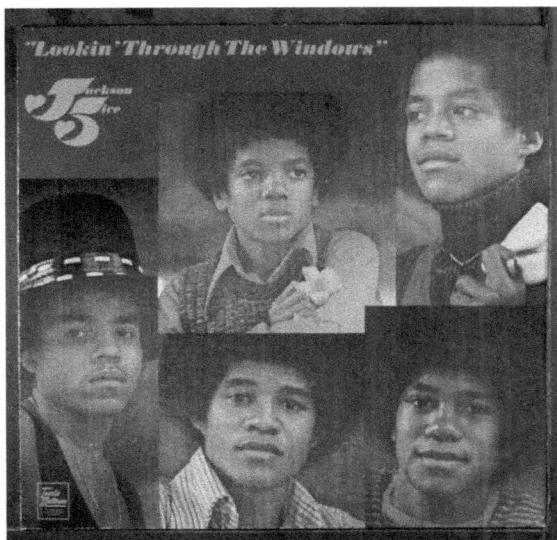

Producido por Jerry Marcellino & Mel Larson, Hal Davis, The Corporation, Johnny Bristol y Willie Hutch. El productor ejecutivo fue Berry Gordy Jr. Los arreglistas fueron James Anthony Carmichael, John Bahler, The Corporation, Eddie Munson, H.B. Barnum, Arthur G. Wright y Gene Page.

Se grabó en los estudios Motown Recording Studios, de Los Angeles, California y vendió 3.5 millones de copias.

Marcó el inicio del cambio de voz de Michael del niño soprano, que lideró los primeros sencillos de The Jackson 5, hasta el tenor que posteriormente sería un exitoso cantante solista. Además aún poseía su voz de niño pequeño. Se destacaron «Little bitty pretty one» y «Lookin' through the windows» y el disco alcanzó la séptima posición de la *Billboard*.

«Don't let your baby catch you», transita por el *funk* con un *groove* que fue utilizado recurrentemente por Michael en su carrera en solitario cambiando su imagen de bubblegum soul.

Cara A

1-Ain't nothing like the real thing / 2:30
Compuesta por Nickolas Ashford y Valerie Simpson. Originalmente interpretada por Marvin Gaye y Tammi Terrell.

2-Lookin' through the windows / 3:46

Compuesta por Clifton Davis. Fue lanzada al mercado como sencillo el 23 de junio de 1972.

3-Don't let your baby catch you / 3:11

Compuesta por The Corporation.

4-To know / 3:22

Compuesta por The Corporation. Se denota la influencia de Stevie Wonder y The O'Jays.

5-Doctor my eyes / 3:14

Compuesta e interpretada originalmente por Jackson Browne.

Cara B

1-Little bitty pretty one / 2:51

Compuesta por Robert Byrd e interpretada originalmente por Thurston Harris. Muy similar a la versión en solitario de Michael de «Rockin' Robin».

2-E-Ne-Me-Ne-Mi-Ne-Moe (The choice is yours to pull) / 2:53

Compuesta por Johnny Bristol, Wade Bowen y D. Jones.

3-If I have to move a mountain / 3:20

Compuesta por The Corporation.

4-Don't want to see tomorrow / 2:46

Compuesta por Stephen Bowden, Jim Chambers, Hal Davis y Theodore McFaddin.

5-Children of the light / 2:27

Compuesta por Michael Randall.

6-I can only give you love / 2:33

Compuesta por Richard Hutch y Willie Hutch.

Ben
—
(Motown Records) 4/08/1972

Banda sonora de la película de horror del mismo nombre. Segundo álbum en solitario de Michael. Fue producido por Hal Davis, The Corporation, Byhal Davis, Berry Gordy, Jr., Mel Larson, Jerry Marcellino y Bobby Taylor. El productor ejecutivo fue Berry Gordy, Jr. Se grabó entre noviembre de 1971 y mayo de 1972. Vendió 5 millones de copias.

El filme fue la secuela de otro nombrado *Willard.*

El sencillo «Ben» fue su primero en ubicarse en la cima de la *Billboard* el 14 de octubre de 1972. Alcanzó la séptima posición de las listas en el Reino Unido. Además ganó un premio Globo de Oro y fue nominado al Oscar en la categoría de Mejor Canción Original, la ganadora fue «The Morning After» del filme *The Poseidon Adventure.* Jackson interpretó «Ben» en vivo en la ceremonia. Esta canción definió el álbum entero y una versión en vivo fue incluida en el disco *The Jacksons Live!* (1981).

Las interpretaciones en vivo más conocidas del tema se televisaron en los programas The Sonny and Cher Comedy Hour y American Bandstand.

Se planeó que «Everybody's Somebody's Fool» fuera el segundo *single* extraído del disco pero se canceló sin explicación alguna.

«My girl» tiene un ritmo *funk* y su letra incluyó varias llamadas y respuestas muy similares a las utilizadas anteriormente por Michael y sus hermanos.

«I wanna be where you are» e «In our small way» se incluyeron en su anterior disco en solitario.

«We've got a good thing going » fue la cara B del sencillo «Got to be there».

Estilísticamente transitó del R&B al *pop rock* contemporáneo con cierto toque *soul*. Superó en calidad a su anterior trabajo en solitario

Cara A

1-Ben /2:42
Compuesta por Walter Scharf y Don Black. Fue lanzado al mercado como sencillo el 12 de julio de 1972. La considero una de las mejores canciones interpretadas por Michael en toda su historia.

2-The greatest show on Earth /2:47
Compuesta por Mel Larson y Jerry Marcellino.

3-People make the world go 'round /3:15
Compuesta por Thom Bell y Linda Creed

4-We've got a good thing going /3:01
Compuesta por The Corporation. Mi canción preferida del disco.

5-Everybody's somebody's fool /2:58
Compuesta por Gladys Hampton, Regina Adams y Ace Adams.

Cara B

1-My Girl /3:05
Compuesta por Smokey Robinson y Ronald White. Originalmente interpretada por The Temptations en 1964.

2-What goes around comes around /3:35
Compuesta por Allen Levinsky, Arthur Stokes, Dana Meyers y Floyd Weatherspoon. Fuerte influencia del tema, «Didn't I (Blow your mind this time)», interpretado por su hermano Jackie.

3-In our small way /3:39
Compuesta por Beatrice Verdi y Christine Yarian.

4-Shoo-Be-Doo-Be-Doo-Da-Day /3:19
Compuesta por Sylvia Moy, Henry Cosby y Stevie Wonder. Originalmente interpretada por Stevie Wonder en 1968.

5-You can cry on my shoulder /2:32

Compuesta por Berry Gordy. Originalmente interpretada por Brenda Holloway en 1965.

Skywriter (con The Jackson 5)
(Motown Records) 29/03/1973

Disco producido por Jerry Marcellino & Mel Larson, Freddie Perren & Fonce Mizell, Deke Richards, Hal Davis y Sherlie Matthews. El productor ejecutivo fue Berry Gordy Jr.

Michael no estuvo de acuerdo con la manera como se condujo la carrera de la banda a partir de este álbum. Se quejó de manera notoria ante los productores y compositores de la Motown pues el material que estaban grabando no fue de su agrado. Los Jackson querían renovar su estilo pero el personal de su casa disquera quería transitar por caminos trillados carentes de innovaciones sonoras.

Los cinco hermanos ya estaban componiendo y querían ver reflejadas dichas creaciones en sus grabaciones. Hasta la cubierta del LP no fue de su agrado. Este es uno de los álbumes de menos calidad de la banda. A pesar de todo, las ventas fueron buenas, 2.8 millones.

Cara A

1-Skywriter /3:08
Compuesta por Mel Larson y Jerry Marcellino. Sencillo cuya cara B fue «Ain't Nothing Like the Real Thing».

2-Hallelujah Day /2:46
Compuesta por Freddie Perren y Christine Yarian. Sencillo cuya cara B fue «Touch».

3-The boogie man /2:56
Compuesta por Deke Richards

4-Touch /3:00
Compuesta por Pam Sawyer y Frank Wilson. Interpretada originalmente por The Supremes. Michael y Jermaine Jackson voces principales. Mi canción preferida del álbum.

5- Corner of the sky /3:33
Compuesta por Stephen Schwartz. Incluida en el musical de Broadway titulado Pippin.

Cara B

1-I can't quit your love /3:12
Compuesta por Leonard Caston y Kathy Wakefield. Originalmente interpretada por The Four Tops.

2-Uppermost /2:26
Compuesta por Clifton Davis.

3-World of sunshine /2:45
Compuesta por Mel Larson y Jerry Marcellino.

4-Ooh, I'd love to be with you /2:49
Compuesta por Fonce Mizell, Larry Mizell

5-You made me what I am /2:50
Compuesta por The Corporation.

Music & Me
(Motown Records) 13/04/1973

Tercer disco en solitario de Michael. Ya con 14 años de edad se aprecia un cambio en su voz. El Rey del Pop pidió incluir sus composiciones en este material pero los directivos de la Motown se negaron, aumentando así las contradicciones con la casa disquera. Los arreglistas fueron Dave Blumberg, Freddie Perren, Gene Page y James Anthony Carmichael.

La cubierta del álbum muestra a Michael tocando la guitarra acústica, sin embargo el artista no interpretó el instrumento en ningún momento de la grabación.

El sencillo «Music and Me» fue lanzado al mercado el 13 de abril de 1973 con «Johnny Raven» como cara B. Marlon y Jackie Jackson estuvieron en los coros del tema. «With a child's heart» y «Happy» fueron lanzados al mercado el 5 de mayo y el 10 de julio del mismo año, respectivamente.

Michael se enfrascó en una gira mundial con sus hermanos, por lo tanto la promoción de este LP fue limitada. Este disco fue el menos exitoso de su etapa con Motown.

Este álbum a veces es confundido con otro del mismo nombre lanzado al mercado por Motown Records en el Reino Unido en 1982.

Cara A

1-With a child's heart /3:34
Compuesta por Sylvia Moy, Henry Cosby y Vicki Basemore. Interpretada originalmente por Stevie Wonder.

2-Up again /2:47
Compuesta por Freddie Perren y Christine Yarian.

3-All the things you are /2:55
Compuesta por Oscar Hammerstein II y Jerome Kern.

4-Happy /3:19
Compuesta por Michel Legrand y Smokey Robinson. En el sencillo tuvo como cara B a In our small way.

5-Too young /3:37
Compuesta por Sidney Lippman y Sylvia Dee

Cara B

1-Doggin' around /2:52
Compuesta por Lena Agree.

2-Euphoria /2:48
Compuesta por Leon Ware y Jacqueline Hilliard.

3-Morning glow /3:36
Compuesta por Stephen Schwartz.

4-Johnny Raven /3:31
Compuesta por Billy Page.

5-Music and me /2:35
Compuesta por Jerry Marcellino, Mel Larson, Don Fenceton y Mike Cannon.

Get It Together (con The Jackson 5)
(Motown Records) 12/09/1973

Este álbum fue uno de los pioneros en experimentar con un sonido disco. La banda rompió con su esquema bubblegum soul para acercarse más al *funk* al estilo de The Temptations.

Los arreglistas fueron Arthur G. Wright, David Blumberg and James Anthony Carmichael. Las pistas fueron editadas de manera continua recibiendo la influencia del disco *Music of my mind* (1972) de Stevie Wonder.

Este fue el primer disco de la banda que mostró a todos los hermanos realizando un trabajo vocal serio. Anteriormente toda la responsabilidad recayó en Michael y Jermaine.

Marlon se destacó en «Mama I gotta brand new thing (Don't say no)»así como Jackie y Tito en «Hum along and dance ».

«Get it together» fue lanzado como sencillo al mercado el 3 de agosto de 1973 y «Dancing machine» el 19 de febrero de 1974. Este último fue el más exitoso al ocupar la segunda posición de la *Billboard*, además se incluyó un *remix* del tema en el disco del mismo nombre, lanzado al mercado por la banda el 5 de septiembre de 1974.

Recibieron su segunda nominación a los premios Grammy por «Dancing machine» en la categoría de Mejor Interpretación R&B por un Dúo o Grupo con Voz en 1975; pero Rufus y Chaka Khan se agenciaron la estatuilla con «Tell me something good».

Por primera vez no interpretaron ni un solo tema compuesto por The Corporation.

1-Get it together /2:48
Compuesta por Hal Davis, Don Fletcher, Berry Gordy, Mel Larson y Jerry Marcellino. Michael y Jermaine voces principales.

2-Dont' say goodbye again /3:24
Compuesta por Pam Sawyer y Leon Ware. Puro estilo Motown —mi canción favorita del disco—. Michael voz principal.

3-Reflections /2:58
Compuesta por Lamont Dozier, Edward Holland, Jr. y Brian Holland. Originalmente interpretada por Diana Ross & the Supremes. Michael y Jermaine voces principales.

4-Hum along and dance /8:37
Compuesta por Barrett Strong, Norman Whitfield. Originalmente interpretada por The Temptations. Los cinco hermanos compartieron el liderato vocal. Versión muy similar a la realizada por el grupo Rare Earth con un fuerte sonido *funk* electrónico.

Cara B

1-Mama I gotta brand new thing (don't say no) /7:11
Compuesta por Norman Whitfield. Los cinco hermanos compartieron el liderato vocal.

2-It's too late to change the time /3:57
Compuesta por Pam Sawyer y Leon Ware. Michael voz principal.

3-You need love like I do (Don't you) /3:45
Compuesta por Barrett Strong y Norman Whitfield. Interpretada originalmente por Gladys Knight & the Pips y The Temptations. Michael y Jermaine, voces principales.

4-Dancing machine /3:27
Compuesta por Hal Davis, Don Fletcher y Dean Parks. Michael y Jermaine voces principales. Grabada en los estudios de Hitsville West de la ciudad de Los Angeles. Su sencillo vendió más de tres millones de copias. Con esta canción los Jackson realizaron una coreografía con los pasos del Robot inventados por Charles Washington a finales de los años 60. Ese estilo de baile

causó furor. Michael Jackson lo hizo por primera vez en televisión en una emisión de Soul Train.

In Japan (con The Jackson 5)
(Motown Records) 31/10/1973 Japon; 31/10/2004 Estados Unidos

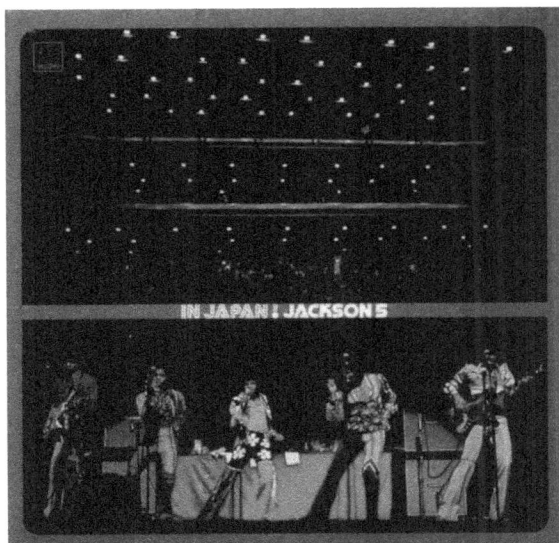

Concierto grabado en Japón en 1973. Fue lanzado al mercado en el Reino Unido en 1986 con el título *Michael Jackson with the Jackson 5 Live*. Vendió un millón de copias alrededor del mundo.

Cara A

1-Introduction/We're gonna have a good time /3:39
We're Gonna Have a Good Time fue interpretado originalmente por Rare Earth.

2-Lookin' through the windows /3:52
Compuesta por Davis.

3-Got to be there /3:44
Compuesta por Willensky.

4-Medley: I want you back/ABC/The love you save /2:59
Compuesta por The Corporation.

5-Daddy's home /5:23
Compuesta por Miller y Sheppard.

6-Superstition /3:17
Compuesta e interpretada originalmente por Stevie Wonder.

Cara B

1-Ben /2:54
Compuesta por Black y Scharf.

2-Papa was a Rollin' Stone /3:59
Compuesta por Whitfield y Strong. Originalmente interpretada por The Temptations.

3-That's how love goes /4:46
Compuesta por Bowen, Bristol y Jones.

4-Never can say goodbye /2:21
Compuesta por Davis.

5-Ain't that peculiar /5:28
Compuesta por Moore, Robinson y Rogers. Interpretada originalmente por Marvin Gaye.

6-I wanna be where you are /6:30
Compuesta por Ross y Ware.

Dancing machine (con The Jackson 5)
(Motown Records)5/09/1974

El disco vendió 2.6 millones de copias alrededor del mundo. Regresaron a las listas de popularidad, pero los hermanos continuaron descontentos ante la imposibilidad de incluir composiciones propias en el material grabado. Arthur G. Wright, Jerry Marcellino, Mel Larson, John Bahler, James Anthony Carmichael y Sam Brown III fueron los arreglistas y Hal Davis el productor. Con «Dancing machine» se universalizó el baile del robot.

Todas las canciones contenidas rondaron el concepto de la música disco con Michael y Jermaine Jackson como voces principales.

Este trabajo recibió poca promoción pues los Jackson llevaron a cabo su *show* en Las Vegas por el tiempo de su entrada al mercado.

Michael expresó en una entrevista a Don Cornelius en el programa televisivo *Soul Train*, que sus canciones favoritas del álbum fueron « If I don't love you this way» y « What you don't know».

«I am love» fue lanzada como sencillo el 23 de diciembre de 1974. «Whatever you got, I want» fue lanzado el 1 de octubre de ese mismo año. «The life of the party» se editó como single en el Reino Unido solamente el 29 de noviembre de 1974.

Cara A

1-I am love /7:29
Compuesta por Don Fenceton, Jerry Marcellino, Mel Larson y Ronnie Ran-cifer. Comienza como una bella balada y transita hacia un buen *funk* al estilo Motown. Fue interpretada en los programas televisivos *The Cher Show* en 1975 y por los Jacksons en su propia serie de 1977.

2-Whatever you got, I want /2:58
Compuesta por Gene Marcellino, Jerry Marcellino y Mel Larson

3-She's a rhythm child /2:39
Compuesta por Clarence Drayton, Hal Davis y Ruth Talmage.

4-Dancing machine /2:43
Compuesta por Don Fletcher, Hal Davis y Weldon Dean Parks. Es conside-rado el mejor tema bailable de la banda desde ABC.

Cara B

1-The life of the party /:35
Compuesta por Clarence Drayton, Hal Davis y Tamy Smith.

2-What you don't know /4:25
Compuesta por Gene Marcellino, Jerry Marcellino y Mel Larson

3-If I don't love you this way3:28
Compuesta por Leon Ware y Pam Sawyer.

4-It all begins and ends with love /3:07
Compuesta por Don Fenceton, Jerry Marcellino y Mel Larson.

5-The mirrors of my mind /3:08
Compuesta por Charlotte O'Hare, Don Fletcher y Nita Garfield.

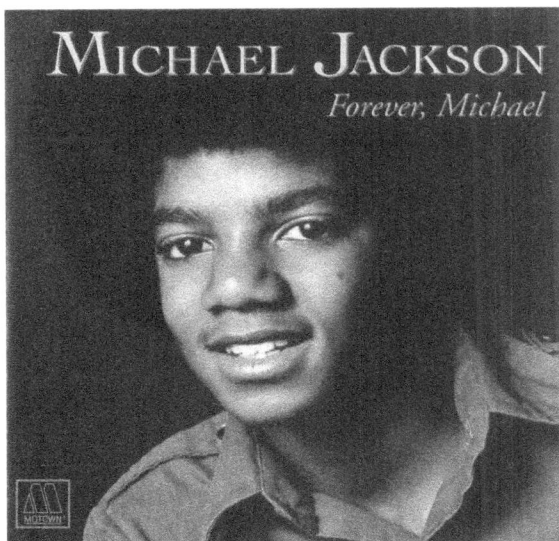

Cuarto y último álbum en solitario de Michael con Motown Records. Este es un trabajo un poco más maduro para el intérprete que por ese tiempo tenía 16 años de edad. No contó con el estilo contemporáneo disco que caracterizó el resurgir de la carrera de los hermanos con *Dancing maching* el año anterior. Más bien transitó por un *smooth soul*.

Forever, Michael vendió un millón de copias alrededor del mundo. Este es el único álbum de estudio del Rey del Pop que no compartió el nombre con alguna de las canciones incluidas en el mismo.

«One day in your life», como sencillo fue lanzado al mercado el 25 de marzo 1981 por Motown acompañado por la compilación *One day in your life* para aprovechar el éxito de Michael con *Off the wall* de la Epic Records. El sencillo ocupó la cima de las listas en el Reino Unido, siendo el sexto single más vendido en Gran Bretaña ese año. Su cara B fue «Take me back».

Cara A

1-We're almost there /3:41
Compuesta por Edward Holland, Jr. y Brian Holland. Grabada en diciembre de 1974.
2-Take me back /3:29

Compuesta por Edward Holland, Jr. y Brian Holland. Grabada en octubre de 1974.

3-One day in your life /4:15
Compuesta por Sam Brown III y Renée Armand Grabada entre octubre y diciembre de 1974 en los estudios Motown de Los Angeles, California.

4-Cinderella stay a while /3:11
Compuesta por Mack David y Michael Burnett Sutton. Grabada en noviembre de 1974.

5-We've Got Forever /3:12
Compuesta por Mack David, Elliot Willensky. Grabada en octubre de 1974.

Cara B

1-Just a little bit of you /3:14
Compuesta por Edward Holland, Jr. y Brian Holland. Grabada en octubre de 1974 y enero de 1975 en los estudios Motown de Los Angeles, California. Los arreglos corrieron a cargo de James Anthony Carmichael. Ocupó la posición 24 en la lista de la Billboard.

2-You are there /3:23
Compuesta por Sam Brown III, Randy Meitzenheimer y Christine Yarian. Grabada en noviembre de 1974.

3-Dapper-Dan /3:08
Compuesta por Hal Davis, Royce Esters y Don Fletcher. Grabada en noviembre de 1974.

4-Dear Michael /2:37
Compuesta por Hal Davis y Elliot Willensky. Grabada en diciembre de 1974 en los estudios Motown de Los Angeles, California.

5-I'll come home to you /3:05
Compuesta por Freddie Perren y Christine Yarian. Grabada en diciembre de 1973.

Moving Violation (con The Jackson 5)
(Motown Records) 15/05/1975

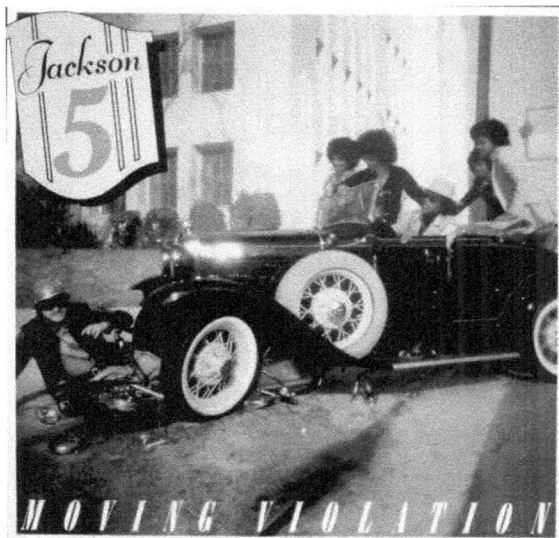

Este fue el último álbum de la banda con Motown Records. Los productores fueron Hal Davis, Brian Holland, Mel Larsen y Jerry Marcellino. Los arreglistas fueron Arthur G. Wright, Dave Blumberg y James Anthony Carmichael con John Bahler y Michael L. Smith en los arreglos vocales. John Kosh fue el diseñador de la portada del disco y Jim Britt fue el fotógrafo. Se grabó en el Motown Recording Studio, de la ciudad de Los Angeles.

Del disco se extrajeron los sencillos «Forever came today», lanzado al mercado el 10 de junio de 1975, «All I do Is think of you», publicado el 5 de noviembre de 1975 y «Body language» (Do the love dance) , puesto a disposición del público el 24 de enero de 1976.

Este disco mostró una apertura comercial hacia la audiencia amante de la música disco, pues tomó sonidos y estilos prestados de otras tendencias como el *soul* de Filadelfia en «Moving violation», por el bullicio de un night club en «Body language (Do the love dance)» hasta el clímax futurista de «Time explosion».

La balada «All I do is think of you» presagió toda una década amorosa que estaba por venir.

«Forever came today» fue la primera de las grabaciones de la banda en ocupar la cima de la lista de música disco de la *Billboard*.

El álbum vendió 1.6 millones de copias mundialmente. Tras su grabación los hermanos dejaron Motown porque no les permitían grabar sus propias composiciones y estaban recibiendo muy poco con los derechos de autor de sus grabaciones. Jermaine fue el unico que permaneció en la disquera pues estaba casado con Hazel Gordy, hija del dueño.

Bajo el nombre de The Jacksons firmaron con las disqueras Philadelphia International Records y Epic Records, con el hermano menor Randy incluido en la banda. Tuvieron que cambiarse el calificativo pues Motown tenía los derechos de The Jackson 5.

Cara A

1-Forever came today /6:23
Compuesta por Holland-Dozier-Holland. Originalmente interpretada por The Supremes en 1968. En la versión de The Jackson 5, « All I do is think of you» fue la cara B de su sencillo. Michael y Jermaine voces principales.

2-Moving violation /3:37
Compuesta por Liz Shaw y Harold Beatty.

3-(You were made) especially for me /3:28
Compuesta por Michael L. Smith y Brian Holland.

4-Honey love /4:40
Compuesta por Michael L. Smith, Edward Holland y Brian Holland.

Cara B

1-Body language (Do the love dance) /4:07
Compuesta por Hal Davis y Don Fletcher.

2-All I do is think of you /3:17
Compuesta por Michael L. Smith y Brian Holland. Michael y Jermaine voces principales. Fue interpretada en vivo en el programa televisivo The Mike Douglas Show en 1975.

3-Breezy /3:38
Compuesta por Mel Larson, Jerry Marcellino.

4-Call of the wild /2:33
Compuesta por Mel Larson, Jerry Marcellino.

5-Time explosion /4:13

Compuesta por Mel Larson, Jerry Marcellino.

The Best of Michael Jackson

(Motown Records) 28/08/1975

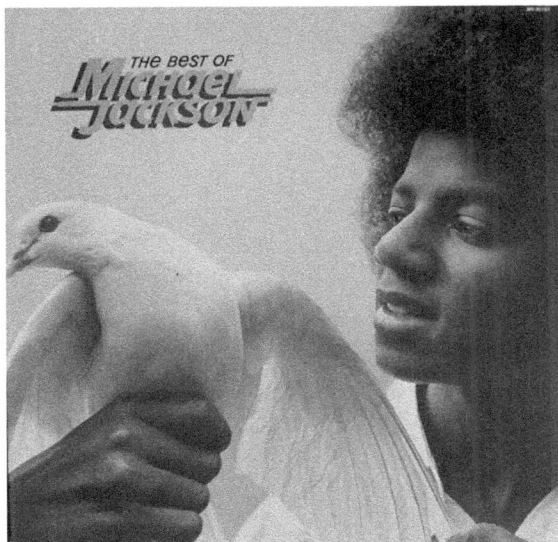

Álbum recopilatorio que contiene los éxitos de Michael en solitario durante su periodo con Motown Records. Vendió 2.4 millones de copias en el mundo.

Cara A

1-Got to be there /3:25

2-Ain't no sunshine /4:12

3-My girl /3:08

4-Ben /2:46

5-Greatest show on Earth /2:48

6-I wanna be where you are /2:58

7-Happy /3:23

Cara B

1-Rockin' Robin /2:34

2-Just a little bit of you /3:12

3-One day in your life /4:15

4-Music and me /2:38

5-In our small way /3:40

6-We're almost there /3:44

7-Morning glow /3:34

Anthology (con The Jackson 5)
(Motown Records)15/06/1976

Antología de temas de The Jackson 5 durante su período con la Motown Records contenida en un álbum triple. Vendió 1.8 millones de copias mundial-

mente. Se incluyeron varios temas de miembros de la banda interpretados en solitario.

Por este tiempo los hermanos a excepción de Jermaine ya habían abandonado la casa disquera.

Disco 1

Cara A

1-I want you back /2:59

2-ABC /:58

3-Don't know why I love you /3:50

4-I'll be there /3:59

5-The love you save /:58

6-I found that girl /2:56

Cara B

1-I am love /7:30

2-Body language (Do the love dance) /4:05

3-Forever came today /6:25

Disco 2

Cara A

1-Mama's Pearl /3:01

2-Got to be there /3:23
Tema de Michael en solitario.

3-Goin' back to Indiana /3:30

4-Never can say goodbye /2:56

5-Sugar Daddy /2:34

6 -Maybe tomorrow /4:46

Cara B

1-Get it together /2:47

2-Dancing machine /2:39

3-Whatever you got, I want /2:55

4-We're almost there /3:41
Tema de Michael en solitario.

5-Just a little bit of you /3:14
Tema de Michael en solitario.

6-All I do is think of you /3:11

Disco 3

Cara A

1-Rockin' Robin /2:30
Tema de Michael en solitario.

2-I wanna be where you are /:59
Tema de Michael en solitario.

3-Ben /2:42
Tema de Michael en solitario.

4-That's how love goes /3:25
Tema de Jermaine en solitario.

5-Don't want to leave /3:05
Tema de Jackie en solitario.

5-Daddy's home /3:07
Tema de Jermaine en solitario grabado en vivo.

Cara B

1-Lookin' through the windows /3:44

2-Little bitty pretty one /2:48

3-Corner of the sky /3:30

4-Skywriter /3:10

5-Hallelujah Day /2:43

6-The boogie man /2:58

Joyful Jukebox Music (con The Jackson 5)
(Motown Records) 26/10/1976

Álbum compilatorio lanzado al mercado después que los hermanos abandonaran la disquera. Contiene temas grabados en el período 1972-1975 incluidos en los LP *Skywriter, Get It Together, Dancing machine y Moving Violation.*

Este es uno de los discos más difíciles de conseguir de The Jackson 5 pues fueron editados pocos.

«We're gonna change our style » parodia su cambio de estilos del *pop* y el *soul* al *funk* y disco.

Cara A

1-Joyful Jukebox /Music3:15
Compuesta por Tom Bee y Michael Edward Campbell.

2-Window shopping /2:47
Compuesta por Clay Drayton, Tamy Smith y Pam Sawyer.

3-You're my best friend, my love /3:24
Compuesta por Sam Brown III y Christine Yarian

4-Love is the thing you need /3:05
Compuesta por Fonce Mizell y Larry Mizell.

5-The eternal light /3:13
Compuesta por Mel Larson y Jerry Marcellino.

Cara B

1-Pride and joy /3:13
Compuesta por Norman Whitfield, Marvin Gaye y William Stevenson. Originalmente interpretada por Marvin Gaye en 1963.

2-Through thick and thin /2:42
Compuesta por Mel Larson y Jerry Marcellino.

3-We're here to entertain you /3:02
Compuesta por Hal Davis, Nita Garfield y Charlotte O'Hara.

4-Make tonight all mine /3:19
Compuesta por Freddie Perren y Christine Yarian.

5-We're gonna change our style /2:46
Compuesta por Clay Drayton y Judy Cheeks.

The Jacksons (con The Jacksons)
(Epic Records) 27/11/1976

Primer trabajo de The Jackson con Epic Records. Un paso de avance en la carrera del grupo, muy buen disco a pesar de no contar con la presencia de Jermaine. Su lugar lo ocupó el hermano menor Randy, muy talentoso por cierto. Philadelphia International Records también participó en la producción del material.

El estilo sonoro de la Motown se mantiene, pero se advierten muchísimos más aportes vocales y estilísticos por parte de los Jackson. Se grabó entre junio y octubre de 1976 en los estudios Sigma Sound de Filadelfia y en los estudios Paragon de la ciudad de Chicago.

Se nota la influencia del Philly Sound y de Lou Rawls. «Enjoy yourself» fue su primer sencillo incluido en el Top Ten de la *Billboard* en dos años, ocupó la sexta posición. «Show you the way to go» fue número 1 en el Reino Unido, su único tema en alcanzar dicha categoría.

Michael debutó como compositor con «Blues Away». Los sencillos extraídos del LP fueron «Enjoy Yourself », lanzado al mercado el 29 de septiembre de 1976, «Show you the way to go», editado el 6 de enero de 1977 así como «Dreamer», el 14 de marzo de 1977.

Michael adoptó un estilo vocal más percusivo a partir de este álbum, algo que a la larga le traería muchísimos dividendos.

The Jackson tuvieron tremendo éxito en la gira promocional que realizaron por Europa durante dos semanas y medias entre mayo y junio de 1977.

Cara A

1-Enjoy yourself / 3:24
Compuesta por Kenny Gamble y Leon Huff. Michael y Jackie voces principales. Janet y La Toya Jackson estuvieron en los coros.

2-Think happy / 3:07
Compuesta por Kenny Gamble y Leon Huff.

3-Good times / 4:57
Compuesta por Kenny Gamble y Leon Huff. Hermosa balada interpretada por Michael y Jackie. Mi canción favorita del disco.

4-Keep on dancing /4:31
Compuesta por Dexter Wansel.

5-Blues away /3:12
Compuesta por Michael Jackson.

Cara B

1-Show you the way to go /5:30
Compuesta por Kenny Gamble y Leon Huff. Michael voz principal.

2-Living together /4:26
Compuesta por Dexter Wansel. Michael y Jackie voces principales.

3-Strength of one man /3:56
Compuesta por Gene McFadden, John Whitehead y Victor Carstarphen. Todos los hermanos excepto Tito, voces principales.

4-Dreamer /3:05

Compuesta por Kenny Gamble y Leon Huff. Michael voz principal

5-Style of life / 3:19

Compuesta por Tito Jackson y Michael Jackson. Michael Jackson voz principal.

Goin' Places (con The Jacksons)
(Epic Records)18/10/1977

Como músicos acompañantes estuvieron Charles Collins en la batería, David Cruse y Larry Washington en la percusión, Roland Chambers, Michael «Sugar Bear» Forman y Dennis Harris en las guitarras así como Leon Huff y Dexter Wansel en los teclados. Dexter Wansel y Jack Faith fueron los arreglistas. Fue grabado en los estudios Sigma Sound de la ciudad de Filadelfia. Jay Mark y Joe Tarsia fueron los ingenieros de sonido. El diseño de la portada estuvo a cargo de Ed Lee y John Berg y la fotografía fue de Reid Miles. Segundo álbum y último grabado por los hermanos con la colaboración de las casas disqueras Epic Records y Philadelphia International Records. Posteriormente trabajarían solamente con Epic Records.

Vendió medio millón de copias en el mundo, y es uno de los discos menos comercializados de la banda. Los temas más destacados del LP fueron «Goin' places», «Even though you're gone», «Different kind of lady», «Music's taking over» y «Find me a girl ».

Cara A

1-Music's takin' over /4:26
Compuesta por John Whitehead, Gene McFadden y Victor Carstarphen. Michael voz principal.

2-Goin' places /4:30
Compuesta por Kenny Gamble y Leon Huff. Michael, voz principal.

3-Different kind of lady /4:10
Compuesta por The Jacksons. Michael voz principal. Éxito de música disco.

4-Even though you're gone /4:31
Compuesta por Kenny Gamble y Leon Huff. Michael voz principal.

Cara B

1-Jump for joy /4:42
Compuesta por Dexter Wansel y Cynthia Biggs. Michael voz principal.

2-Heaven knows I love you, girl /3:55
Compuesta por Kenny Gamble y Leon Huff. Michael y Tito voces principales. Tito guitarra prima.

3-Man of war /3:13
Compuesta por Kenny Gamble y Leon Huff. Todos los hermanos voces principales. Tito guitarra prima. Randy en las congas.

4-Do what you wanna /3:31
Compuesta por The Jacksons. Michael voz principal.

5-Find me a girl /4:34
Compuesta por Kenny Gamble y Leon Huff. Michael voz principal.

Destiny (con The Jacksons)
(Epic Records) 17/12/1978

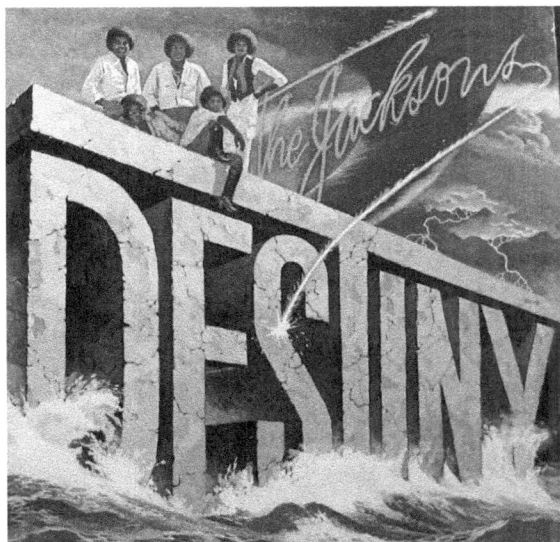

Fue el primer LP producido por los hermanos Jackson. Los arreglistas fueron Thomas «Tom Tom 84» Washington, Claire Fisher, Greg Phillinganes y Jerry Hey. Se grabó en los estudios Cherokee Recording Studios, Total Experience, Helders/Flimways, Record Plant y Dawnbreakers de la ciudad de Los Angeles.

Los hermanos lograron el control creativo que deseaban en sus grabaciones, al lograr gran éxito de ventas que alcanzaron la cifra de cuatro millones en todo el mundo. Contiene tres sencillos «Blame It on the boogie» lanzado al mercado el 23 de octubre de 1978, «Shake your body (Down to the ground)»que vio la luz el 10 de febrero de 1979 y «Destiny» editado el 11 de mayo de 1979.

«Blame it on the boogie» fue compuesta por Mick Jackson y Elmar Krohn. Mick no es Michael Jackson, sino un compositor y cantante británico del mismo nombre, radicado en Alemania.

La cubierta del disco es de la autoría de Gary Meyer. Los instrumentistas fueron Tito Jackson en las guitarras, Randy Jackson y Rick Marotta en la percusión, Roland Bautista, Michael Sembello y Paul Jackson, Jr. en las guitarras, Nathan Watts y Gary King en el bajo, Paulinho da Costa y en la percusión menor, Ricky Lawson y Ed Greene en la batería, Greg Phillinganes en los teclados y sintetizadores, Laudir de Oliveira y Claudio Slon en las congas.

Para conmemorar su 30 aniversario se reeditó en 2009 por Epic/Legacy Records con «Blame it on the boogie» y «Shake your body (Down to the ground)» como dos *bonus track* remezclados por el Dj John Luongo.

Este disco fue un preámbulo del súper exitazo que tendría Michael con *Off the Wall.*

Cara A

1-Blame it on the boogie /3:36
Compuesta por Michael Jackson y Elmar Krohn. La versión original de Mick se grabó a finales de 1977.

2-Push me away /4:18
Compuesta por Jermaine, Michael, Randy y Tito.

3-Things I do for you /4:05
Compuesta por Jermaine, Michael, Randy y Tito.

4-Shake your body (Down to the ground) /8:02
Compuesta por Michael y Randy. Muy popular en Cuba, se hicieron varias versiones en español.

Cara B

1-Destiny /4:52
Compuesta por Jermaine, Michael, Randy y Tito. Mi canción favorita del disco.

2-Bless his soul /4:56
Compuesta por Jermaine, Michael, Randy y Tito.

3-All night dancin' /6:10
Compuesta por Michael y Randy.

4-That's what you get (For being polite) /4:57
Compuesta por Michael y Randy.

Boogie (con The Jackson 5)
(Motown Records) 16/01/1979

Compuesto por material inédito de su época con Motown Records así como remixes de los éxitos «ABC», «Never can say goodbye» y «Dancing machine». Material para coleccionistas. Fue producido por Hal Davis & The Corporation. Los arreglistas fueron David Blumberg, James Carmichael, The Corporation, Gene Page y Arthur Wright.

Cara A

1-Love's gone bad /3:19
Compuesta por Lamont Dozier, Brian Holland and Edward Holland, Jr. Interpretada originalmente por Chris Clark. Michael, voz principal.

2-I ain't gonna eat out my heart out anymore /3:00
Compuesta por Laura Burton y Pam Sawyer. Grabada en las sesiones del disco *Maybe Tomorrow*. Michael voz principal

3-ABC /2:58
Compuesta por Berry Gordy, Jr., Alphonso Mizell, Freddie Perren and Deke Richards.

4-I was made to love her /4:16
Compuesta por Henry Cosby, Sylvia Moy y Stevie Wonder. Interpretada originalmente por Stevie Wonder. Grabada en las sesiones del disco *ABC*. Michael voz principal.

5-One day I'll marry you /2:58
Compuesta por Pam Sawyer y LaVerne Ware. Grabada en las sesiones del disco *Third Album*. Michael voz principal.

Cara B

1-Never can say goodbye /2:57
Compuesta por Clifton Davis.

2-Oh, I've been bless'd /2:50
Compuesta por Lena Manns y Frank Wilson. Grabada en las sesiones del disco *Diana Ross Presents The Jackson 5*. Producida por Bobby Taylor. Michael voz principal.

3-Penny arcade /2:41
Compuesta por Mel Larson, Jerry Marcellino y Deke Richards. Grabada en las sesiones del disco *Lookin' Through the Windows*. Jermaine y Michael voces principales.

4-Just because I love you /3:14
Compuesta por James W. Alexander y Willie Hutch. Grabada en las sesiones del disco *Maybe Tomorrow*. Jermaine y Michael voces principales.

5-Dancing machine /2:36
Compuesta por Hal Davis, Don Fletcher y Dean Parks.

Off the Wall
(Epic Records) 10/08/1979

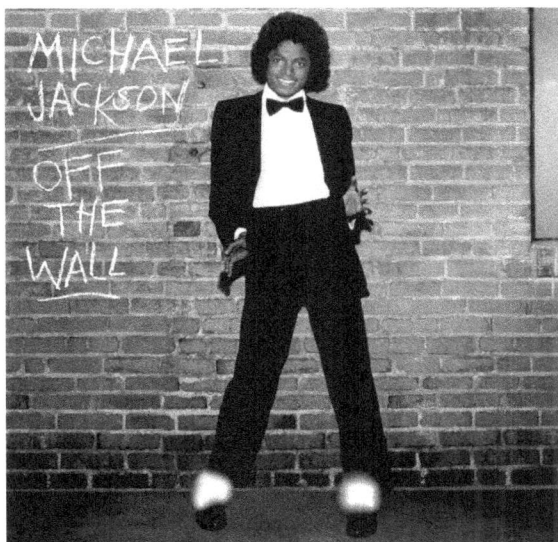

Grabado cuando Michael tenía 20 años de edad, este álbum mostró su emancipación como una fuerza musical y un visionario creativo. Propició que numerosos artistas pasaran del R&B al pop. El *marketing* que generó no había sido visto antes en la era de la música moderna. Fue la grabación que como dijo la revista *Rolling Stone*: «Inventó el pop como lo conocemos hoy». Con ella Michael sirvió de inspiración para los artistas afro norteamericanos. El éxito de la grabación marcó un nivel internacional de reconocimiento que conjuró el orgullo de una cultura que aun a finales de los años 70 estaba batallando por la aceptación social que Michael Jackson recibió. Se denota la influencia del tema «Boogie wonderland» de Earth, Wind and Fire en varios temas contenidos en el disco.

Michael y Quincy Jones entraron al estudio el 4 diciembre de 1978 y escogieron entre cientos de canciones para formar el disco. Su grabación se terminó el 7 de julio de 1979.

Se aprecian matices de la música disco, *smooth soul, pop, jazz, soft rock* y *funk*. Michael aborda en los textos su visión de la libertad, soledad y romance. Este disco fue grabado en los estudios Allen Zentz Recording, Westlake Recording Studios y Cherokee Studios de Los Angeles, California.

Compuesto por Michael Jackson, el primer sencillo del álbum lanzado al mercado el 28 de julio de 1979, «Don't Stop 'Til You Get Enough», le valió su primer premio Grammy como solista y su primer número 1 en los Estados Unidos.

Con los sencillos «Rock With You», « Off the Wall» y «She's Out of My Life», se convirtió en el primer artista solista en la historia en tener cuatro sencillos del mismo álbum dentro del top 10 de la *Billboard*.

El larga duración tuvo un enorme éxito comercial y para 2014 fue certificado ocho veces platino en los Estados Unidos y ha vendido más de 30 millones de copias, es uno de los más vendidos de todos los tiempos. Ocupó la tercera posición de la *Billboard* y la número uno en la lista *soul*.

«Don't stop till you get enough» incluyó una introducción hablada, un falsetto sorprendente y una percusión magnífica por parte de su hermano Randy Jackson. Su *video clip* fue dirigido por Nick Saxon, tuvo su premiere en octubre de 1979 y fue la iniciación de Michael como solista en los audiovisuales. En unas de sus escenas se ve a Michael bailando en una imagen triplicada, aspecto innovador para su época.

Este tema recibió dos nominaciones a los premios Grammy en las categorías de Mejor Grabación de Música Disco y Mejor Interpretación Masculina de R&B, en esta última Michael recibió su primer premio Grammy como solista.

«It's the falling in love» fue interpretada junto a la afamada vocalista Patti Austin. Los videos de «Rock with you» y «She's out of my life» fueron dirigidos por Bruce Gowers.

El británico Rod Temperton, miembro del grupo Heatwave compuso tres de los temas contenidos en el disco y también se incluyó «Girlfriend»de la autoría de Paul McCartney. Entre los músicos de sesión que participaron se destacaron Randy Jackson en la percusión, Michael Boddicker, Steve Porcaro, George Duke y David Foster en los teclados y sintetizadores, Larry Carlton en la guitarra eléctrica así como Patti Austin en los coros.

Este álbum se ubicó en la posición 68 entre los 500 mejores de la historia según la revista especializada *Rolling Stone* y en el 2008 entró al Salón de la Fama de los Premios Grammy.

Cara A

1- Don't stop 'til you get enough / 6:06

Compuesta por Michael Jackson. El artista la interpretó en vivo en las giras mundiales *The Jacksons' Destiny Tour, Triumph Tour., Victory Tour'* y en el *Bad Tour.* Jason Elias escritor de Allmusic.com expresó que el tema mostró un nuevo Michael: sexual, adulto y agresivo.

2- Rock with you /3:40

Compuesta por Rod Temperton. Fue lanzado al mercado como sencillo el 3 de noviembre de 1979. Estuvo cuatro semanas en la cima de la *Billboard,* comenzó el 19 de enero de 1980.

3- Working day and night /5:14

Compuesta por Michael Jackson. No fue lanzada como sencillo, pero fue la cara B de «Rock with You» en los Estados Unidos y de Off the Wall en el Reino Unido.

4- Get on the floor /4:39

Compuesta por Michael Jackson y Louis Johnson.

5- Off the wall /4:06

Compuesta por Rod Temperton. Fue lanzada al mercado como sencillo el 2 de febrero de 1980.

Cara B

6- Girlfriend /3:06

Compuesta por Paul McCartney. Fue interpretada originalmente por Wings en el disco *London Town* lanzado al mercado el 31 de marzo de 1978.

7- She's out of my life /3:38

Compuesta por Tom Bahler. Fue lanzada como sencillo el 18 de abril de 1980. Ocupó la tercera posición de lo más escuchado en el Reino Unido.

8- I can't help it /4:30

Compuesta por Stevie Wonder y Susaye Greene.

9- It's the falling in love /3:48

Compuesta por Carole Bayer Sager y David Foster. Intepretada a dúo con Patti Austin. Dionne Warwick también la grabó para su disco *No Night So Long* (1980).

10- Burn this disco out /3:41

Compuesta por Rod Temperton.

Triumph (con The Jacksons)
(Epic Records) 18/10/1980

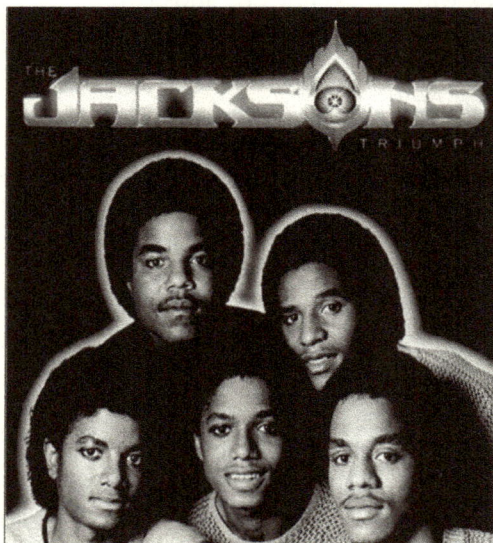

Álbum enteramente producido por The Jacksons junto al tecladista Greg Phillinganes como productor asociado. Los arreglistas fueron Tom Tom 84, Jackie Jackson, Jerry Peters, Michael Jackson y Randy Jackson. Fue grabado en los estudios Capitol Records Studios, Hollywood Sound, Davien Sound, Sound City, Devonshire Sound, & Westlake Audio Hollywood de la ciudad de Los Angeles, California.

Primer disco de The Jackson en incluirse en el Top Ten de la *Billboard* desde *Lookin' Through the Windows* (1972). Vendió más de tres millones de copias. El *video clip* de «Can you feel it » fue dirigido por Robert Abel y donde se ve a los hermanos como súper héroes gigantes. Repleto de efectos especiales, su costo fue estimado en 100 mil dólares. Los Jackson iniciaron el 9 de julio de 1981 una gira por treinta y nueve ciudades de los Estados Unidos llamada *The Triumph Tour*. El *show* incluyó pirotecnias y efectos especiales realizados por el mago Doug Henning.

El álbum se reeditó en CD, en 2009 y se incluyeron tres *bonus tracks*, «This Place Hotel» (single version), «Walk Right Now (John Luongo Disco Mix)» y «Walk Right Now (John Luongo Instrumental Mix)».

Cara A

1-Can you feel it /6:00
Compuesta por Michael y Jackie. Lanzada al mercado el 26 de abril de 1981. Randy y Michael voces principales.

2-Lovely one /4:52
Compuesta por Michael y Randy. Lanzada al mercado como sencillo el 12 de septiembre de 1980. Michael voz principal.

3-Your ways /4:31
Compuesta por Jackie Jackson.

4-Everybody /5:00
Compuesta por Michael Jackson, Tito Jackson y Mike McKinney.

5-This Place Hotel /5:44
Compuesta por Michael Jackson. Su título original fue «Heartbreak Hotel» pero fue renombrada para evitar confusiones con el tema de Elvis Presley de 1956, del mismo título. Fue lanzada al mercado como sencillo el 7 de diciembre de 1980. Michael voz principal.

Cara B

1-Time waits for no one /3:24
Compuesta por Jackie y Randy. Hermosísima balada lanzada al mercado como sencillo el 24 de noviembre de 1980.

2-Walk right now /6:29
Compuesta por Michael, Jackie y Randy. Lanzada al mercado como sencillo el 15 de junio de 1981. Michael voz principal.

3-Give it up /4:20
Compuesta por Michael y Randy. Mi canción favorita del disco.

4-Wondering who /4:19
Compuesta por Jackie y Randy.

One Day in Your Life
(Motown Records) 25/03/1981

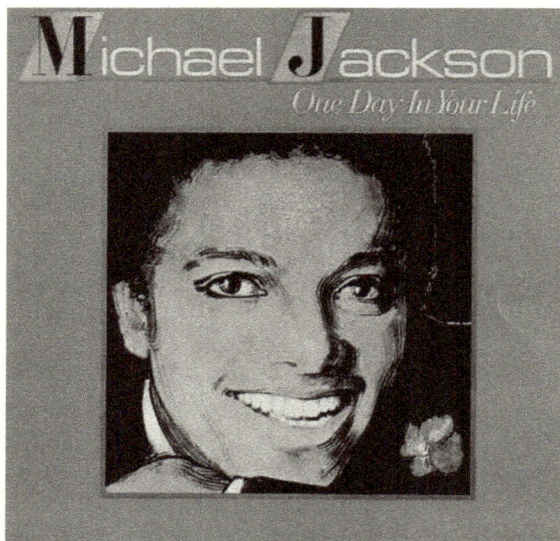

Compilación de temas que Michael grabó mientras pertenecía a Motown Records entre 1973 y 1974. Este disco fue editado para aprovechar la gran popularidad del artista y lograr buenas ventas. Aunque la música hecha por Michael, producida por Quincy Jones en este tiempo, era muy superior a la contenida en este LP. Vendió dos millones de copias.

Cara A

1-One day in your life /4:12
Compuesta por Sam F. Brown III y Renée Armand. Contenida originalmente en el disco Forever, Michael. Se lanzó al mercado como sencillo el 25 de marzo de 1981 con «Take me back» como cara B. Ocupó la cima de las listas de lo más escuchado en el Reino Unido por dos semanas en junio y julio de 1981.

2-Don't say goodbye again /3:22
Compuesta por Pam Sawyer y Leon Ware. Interpretada por The Jackson 5.

3-You're my best friend, my love /3:23
Compuesta por Sam Brown y Christine Yarian. Interpretada por The Jackson 5.

4-Take me back /3:22

Compuesta por Edward Holland, Jr. y Brian Holland.

5-We've got forever /3:09
Compuesta por Elliot Willensky

Cara B

1-It's too late to change the time /3:53
Compuesta por Pam Sawyer y Leon Ware. Interpretada por The Jackson 5.

2-You are there /3:20
Compuesta por Sam Brown, Rand Meitzenheimer y Christine Yarian.

3-Dear Michael /2:33
Compuesta por Hal Davis y Elliot Willensky.

4-I'll come home to you /3:00
Compuesta por Freddie Perren y Christine Yarian.

5-Make tonight all mine /3:18
Compuesta por Freddie Perren y Christine Yarian. Interpretada por The Jackson 5

The Jacksons Live! (con The Jacksons)
(Epic Records)11/11/1981

Álbum en vivo grabado durante su gira americana en los conciertos realizados en las ciudades de Buffalo, Providence, Atlanta y New York City, durante el otoño de 1981.

«Things I do for you» fue lanzada al mercado como sencillo en su versión en vivo el 4 de octubre de 1981.

Cara A

1-Opening/Can you feel it /6:04
Compuesta por Michael y Jackie.

2-Things I do for you /3:38
Compuesta por Michael, Jackie, Randy y Tito.

3-Off the wall /4:00
Compuesta por Rod Temperton.

4-Ben /3:52
Compuesta por Walter Scharf y Don Black.

5-This Place Hotel /4:40

Compuesta por Michael Jackson.

6-She's out of my life /4:48
Compuesta por Tom Bahler.

7-Movie and Rap Including Excerpts of I Want You Back/Never can say goodbye/Got to be there /3:04
Compilación de canciones compuestas por Berry Gordy, Freddie Perren, Alphonzo Mizell, Deke Richards, Clifton Davis y Elliot Willensky.

Cara B

1-Medley: I want you back/ABC/The love you save /2:55
Compilación de canciones compuestas por Berry Gordy, Freddie Perren, Alphonzo Mizell y Deke Richards.

2-I'll be there /3:12
Compuesta por Berry Gordy, Bob West, Willie Hutch y Hal Davis.

3-Rock with you /3:59
Compuesta por Rod Temperton.

4-Lovely one /6:28
Compuesta por Michael y Randy.

5-Workin' day and night /6:53
Compuesta por Michael Jackson.

6-Don't stop 'til you get enough /4:22
Compuesta por Michael Jackson.

7-Shake your body (Down to the ground) /8:34
Compuesta por Michael y Randy.

Thriller (Epic Records)
30/11/1982

«*Todo el mundo comenzó a entender el poder de la melodía después de Thriller*».

Quincy Jones

Nadie estaba preparado para el éxito de *Thriller,* pues era inimaginable que un álbum vendiera 40 millones de copias en su carrera inicial. Siete de sus nueve canciones se incluyeron en el Top Ten de la *Billboard*, algo inédito. Este LP es un monumento inconmensurable de la música popular. Ha sido certificado 32 veces multiplatino por el volumen de sus ventas.

Las sesiones del disco comenzaron en abril de 1982 y primeramente fue titulado Starlight. Con este trabajo Michael alcanzó la categoría de súper estrella, dominó el mundo de la música, estableció nuevos estándares y produjo el álbum más vendido de todos los tiempos.

La mayoría de las canciones del álbum se grabaron en el estudio Westlake Audio de Hollywood el 14 de abril. Jones reunió un equipo de músicos experimentados incluidos los guitarristas David Williams y Steve Lukather (del grupo Toto), los bateristas Leon Ndugu Chancler y Jeff Porcaro, bajista Louis Johnson y el percusionista Paulinho Da Costa, así como los tecladistas Greg Phillinganes, Michael Boddicker, David Foster y Steve Porcaro (del grupo Toto). La primera canción terminada fue «The girl is mine». El ingeniero de sonido Bruce Swedien declaró: «Michael y Paul trabajaron bien rápido, tres días y ya estaba hecha».[23] La mezcla total del disco culminó el 8 de noviembre.

El disco está repleto de toques especiales desde la brillante introducción de Vincent Price en «Thriller», hasta el electrizante solo de guitarra de Eddie Van Halen en «Beat it». Muy innovadora fue la vocalización de Michael con *ma ma se, ma ma sa, ma ma coo sa con* que termina «Wanna be startin' somethin'». Quincy Jones explicó que se trataba de un canto proveniente de Camerún: Michael se apareció con eso y le agregamos armonías para hacerlo un todo musical.[24]

El *rap* en «Thriller» fue escrito por Rod Temperton mientras se dirigía al estudio en un taxi y Jackson grabó los aullidos de lobo en el callejón adyacente al estudio. «La idea en "Thriller" fue incorporarle drama al *pop*, fue como una obra de teatro de un solo acto»,[25] expresó Jones de la canción que originalmente se tituló «Starlight love».

Michael al principio se negó a hacer lo que Jones llamó «implorar» en «The lady in my life». «Eso es pedirle a una chica que te dé algo», dijo sonriendo el productor, «Eso estaba en contra de la naturaleza de Jackson». En otros momentos se aprecia el entusiasmo del artista que frecuentemente bailaba al cantar las últimas frases de las canciones, de hecho el baile de Jackson se puede escuchar en la mezcla final de «Billie Jean».

Jones y Jackson pensaron terminar el larga duración a comienzos de noviembre. Pero no fue así. «Llevé a Michael a su casa y dormí en el sofá», explicó Jones. «Tres horas después regresamos al estudio y escuchamos el acetato. No nos gustó. Estábamos horrorizados. Descansamos dos días y pasamos las ocho jornadas siguientes remezclando. Una canción por día y logramos nuestro objetivo».[26]

Al mismo tiempo de la realización de *Thriller*, Michael hizo el libro hablado *ET*, producido por Quincy Jones en junio de 1982 y basado en la película de Steven Spielberg, *ET: The Extra Terrestrial*.

Además de la narración, Jackson grabó el sencillo titulado «Someone in the Dark» para acompañar la historia. El libro alcanzó un éxito inmediato cuando se lanzó al mercado en noviembre de 1984 y por el cual Michael ganó un premio Grammy en la categoría de Mejor Álbum para Niños.

---

23. Rolling Stone. *Thriller: How Michael Jackson and Quincy Jones Made the Bestselling Album of All Time*. Disponible en: https://www.rollingstone.com/music/music-features/thriller-how-michael-jackson-and-quincy-jones-made-the-bestselling-album-of-all-time-199391/ (Esta historia apareció originalmente en el número especial de octubre de 2009 dedicado a Michael Jackson).
24. Ibid.
25. Ibid.
26. Ibid.

Por si fuera poco, el artista compuso y produjo una canción para Diana Ross llamada «Muscles» que se incluyó en el top ten de la *Billboard* y fue nominada al Grammy. Todos estos éxitos motivaron a Michael para grabar tres canciones junto a Paul McCartney, «The Man», «Say, Say, Say» y «The girl is mine», única incluida en *Thriller*.

«Beat it» rindió homenaje al filme *West Side Story*. Michael expresó sobre la canción: «No tienes que ser el tipo más duro. Puedes rehuir de una pelea y seguir siendo un hombre. No tienes que morir para probar que eres un hombre».[27]

El video clip de «Billie Jean» tuvo un presupuesto de 250 mil dólares y fue dirigido por Steve Baron. El cortometraje *Beat it* fue conceptualizado por el propio Michael y dirigido por Bob Giraldi. Seguidamente grabó el magistral video de «Thriller», lanzado a la venta el 2 de diciembre de 1983. Dirigido por John Landis y los efectos especiales y maquillaje a cargo de Rick Baker. La actriz que trabaja en el video es Ola Ray. Este ha sido el video más vendido de todos los tiempos. Su premiere fue un poco antes el 14 de noviembre en Los Angeles. Se trasmitió por primera vez en el canal MTV el 2 de diciembre. El video recibió seis nominaciones a los premios 1984 MTV Video Music Awards, llevándose tres galardones. Fue declarado por el canal televisivo VH1 como el número 1 en su lista de los 100 Mejores Videos realizada en 2001. MTV lo declaró el Mejor Video jamás hecho en su lista de 100 de todos los tiempos realizada en 1999.

Las únicas canciones del disco que no fueron lanzadas al mercado como sencillos fueron «Baby be mine» y «The lady in my life».

El 16 de enero de 1984, Michael Jackson asistió a los premios Annual American Music Awards donde se agenció ocho galardones incluyendo las categorías Favourite Male Pop/Rock Artist, Favourite Pop/Rock Album, Favourite Soul/R&B Album, así como The Award of Merit. El 7 de febrero de ese mismo año recibió ocho premios Grammy de doce nominaciones, siete por *Thriller* y uno por *The E.T. Storybook*.

Para el final de año había vendido 33 millones de copias, y Michael fue incluido en el libro *Guinness de Records* por tener el disco más vendido de todos los tiempos. En 2007 se estimó que su volumen de ventas ascendía a 104 millones de copias.

Off The Wall, Bad y *Dangerous* fueron extremadamente populares, pero *Thriller* fue simplemente colosal. Se ubicó en la posición 20 en la lista de los 500 Mejores Álbumes de todos los tiempos realizada por la revista especializada *Rolling Stone* en 2003. Fue incluido en el Salón de la Fama de los Premios Grammy en el 2008.

---

27. *La corte del rey del pop*. «Thriller». Disponible en: http://www.lacortedelreydelpop.com/criticadiscos3.htm

1-Wanna be startin' somethin' /6:03

Compuesta por Michael Jackson. Tom Scott interpretó un raro instrumento, el lyricon, que es un sintetizador análogo controlado por un instrumento de viento. Lanzada al mercado como sencillo el 8 de mayo de 1983. Evoca el sonido disco del álbum anterior de Michael. Fue nominada a los premios Grammy en 1984 como Mejor Canción R&B pero perdió ante «Billie Jean». La Toya Jackson ha interpretado la canción en numerosas ocasiones.

2-Baby be mine /4:20

Compuesta por Rod Temperton.

3-The girl is mine /3:42

Compuesta por Michael Jackson. Interpretada a dúo con Paul McCartney. Fue el primer sencillo del disco lanzado al mercado el 18 de octubre de 1982. Ocupó la segunda posición de la *Billboard* y la número ocho en el Reino Unido. La foto de la cubierta del sencillo fue tomada por la esposa de Paul, Linda.

4-Thriller /5:57

Compuesta por Rod Temperton. Parte hablada interpretada por el actor Vincent Price. Fue el último sencillo del álbum lanzado al mercado el 23 de enero de 1984. Ocupó la cuarta posición de la *Billboard*.

1-Beat it /4:18

Compuesta por Michael Jackson. Guitarra interpretada por Eddie Van Halen. También hubo participación de Steve Lukather, del grupo Toto. Fue lanzada al mercado como sencillo el 14 de febrero de 1983. Recibió los premios Grammy en las categorías de Grabación del Año y Mejor Interpretación Vocal Masculina de Rock. Ocupó la cima de la *Billboard*.

2-Billie Jean /4:54

Compuesta por Michael Jackson. Fue lanzada al mercado como sencillo el 2 de enero de 1983. Ocupó las cimas de la *Billboard* y del Reino Unido simultáneamente. Recibió dos premios Grammy en las categorías de mejor Canción R&B y Mejor Interpretación R&B Vocal Masculina.

3-Human nature /4:06

Compuesta por Steve Porcaro y John Bettis. Lanzada al mercado como sencillo el 2 de julio de 1983. Ocupó la séptima posición de la *Billboard*.

4-P.Y.T. (Pretty young thing) /3:59
Compuesta por James Ingram y Quincy Jones. La Toya y Janet Jackson en los coros. Fue lanzada al mercado el 19 de septiembre de 1983. Ocupó la décima posición de la *Billboard*.

5-The lady in my life /5:00
Compuesta por Rod Temperton

Farewell My Summer Love
(Motown Records) 8/05/1984

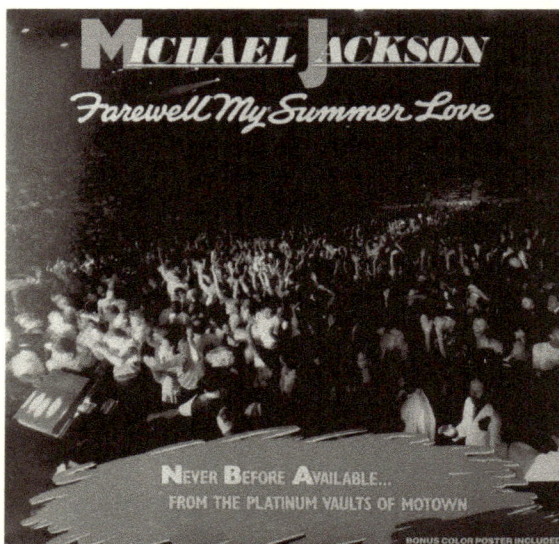

Álbum compilatorio del trabajo en solitario de Michael Jackson mientras pertenecía a Motown Records. Estas grabaciones fueron realizadas y archivadas desde enero hasta septiembre de 1973. Para esta ocasión fueron remezcladas para dar la sensación de que eran nuevas grabaciones.

Los músicos Tony Peluso, Michael Lovesmith, Steve Barri y Mike Baird grabaron nuevas partes de guitarra, teclados, percusión y batería para darle un sonido más de los años 80 al disco.

Ocupó la novena posición en las listas de álbumes más vendidos en el Reino Unido y sus ventas ascendieron a tres millones en el mundo.

Cara A

1-Don't let it get you down /3:01
Compuesta por Mel Larson, Jerry Marcellino y Deke Richards.

2-You've really got a hold on me /3:30
Compuesta por Smokey Robinson. Popularizada por Smokey Robinson and The Miracles en 1962. También fue un éxito de The Beatles.

3-Melodie /3:21
Compuesta por Mel Larson, Jerry Marcellino y Deke Richards.

4-Touch the one you love /2:47
Compuesta por Artie Wayne y George S. Clinton.

5-Girl you're so together /3:09
Compuesta por Keni St. Lewis.

Cara B

1-Farewell my summer love /4:21
Compuesta por Keni St. Lewis. Ocupó la séptima posición de lo más escuchado en el Reino Unido.

2-Call on me /3:38
Compuesta por Fonce Mizell y Larry Mizell.

3-Here I am(
) /2:53
Compuesta por Al Green y Teenie Hodges. Popularizada por Al Green en 1973.

4-To make Mmy father proud /4:04
Compuesta por Bob Crewe y Larry Weiss.

Victory (con The Jacksons)
(Epic Records) 2/07/1984

Último disco de The Jacksons con la participación de Michael y el único donde colaboraron los seis hermanos. Michael aceptó grabar y realizar una gira final junto a su familia, pues ya se había convertido en la mayor estrella pop del momento y quería concentrarse enteramente en su carrera en solitario. Marlon Jackson tuvo un rol prominente en el álbum aunque al finalizar la gira abandonó la agrupación.

Este LP transita por el R&B contemporáneo y ocupó la cuarta posición de la Billboard. Entre los músicos acompañantes se destacaron Michael Boddicker, David Ervin, Derek Nakamoto, David Paich y Steve Porcaro en los teclados, Lenny Castro y Paulinho da Costa en la percusión menor, Jeff Porcaro en la batería, Nathan East y Louis Johnson en el bajo, así como Steve Lukather en la guitarra.

Se filmaron dos videos para la promoción del disco, de los temas «Torture» y «Body», pero en ninguno aparecieron ni Michael ni Jermaine. Paula Abdul fue la coreógrafa.

«State of Shock» fue originalmente grabada con Freddie Mercury, pero al no finalizarse su producción, una segunda versión junto a Mick Jagger fue realizada.

1-Torture /4:53
Compuesta por Jackie Jackson y Kathy Wakefield. Voces principales Jermaine, Michael y Jackie. Fue lanzada al mercado como sencillo el 30 de septiembre de 1984.

2-Wait /5:25
Compuesta por Jackie Jackson y David Paich. Voces principales Jackie, Michael y Jermaine. Lanzada al mercado como sencillo el 9 de diciembre de 1984.

3-One more chance /5:06
Compuesta por Randy Jackson. Voces principales Randy y Jermaine.

4-Be not always /5:36
Compuesta por Michael Jackson y Marlon Jackson. Michael voz principal.

Cara B

1-State of shock /4:30
Compuesta por Michael Jackson y Randy Hansen. Dueto de Michael y Mick Jagger. Mi canción preferida del disco. Fue lanzada al mercado como sencillo el 5 de junio de 1984. Ocupó la tercera posición de la Billboard.

2-We can change the world /4:45
Compuesta por Tito Jackson y Wayne Arnold. Tito Jackson, voz principal.

3-The hurt /5:26
Compuesta por Michael Jackson, Randy Jackson, David Paich y Steve Porcaro. Randy Jackson voz principal.

4-Body /5:06
Compuesta por Marlon Jackson. Voz principal Marlon Jackson. Lanzada al mercado como sencillo el 21 de noviembre de 1984.

Anthology
(Motown Records) 14/11/1986

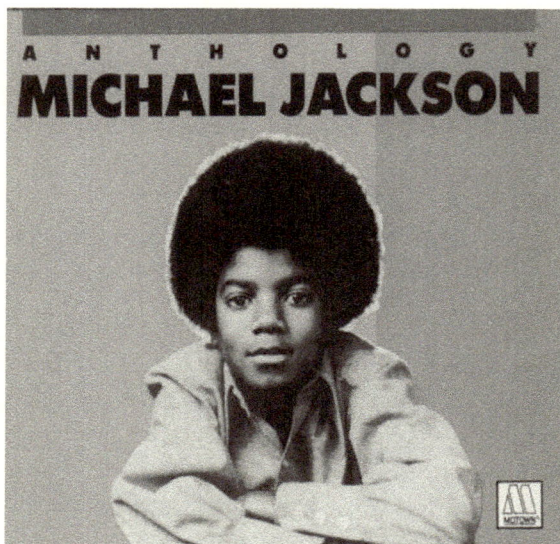

Disco doble compilatorio que incluyó algunos temas de The Jackson 5 y material raro e inédito grabado en 1973. Michael demostró sus cualidades vocales como intérprete de R&B en el clásico «People make the world go round».

Disco 1

1-Got to be there /3:32
Compuesta por Elliot Willensky.

2-Rockin' Robin /2:31
Compuesta por Jesse Thomas.

3-Ain't no sunshine /4:08
Compuesta por Bill Withers.

4-Maria (You were the only one) /3:40
Compuesta por L. Brown, Linda Glover, George Gordy y Allen Story.

5-I wanna be where you are /2:56
Compuesta por T-Boy Ross y Leon Ware.

6-Girl don't take your love from me /3:47
Compuesta por Willie Hutch.

7-Love is here and now you're gone /2:51
Compuesta por Lamont Dozier, Brian Holland y Eddie Holland.

8-Ben /3:45
Compuesta por Donald Black y Walter Scharf.

9-People make the world go round /4:03
Compuesta por Thom Bell y Linda Creed. Popularizada por The Stylistics.

10-Shoo-be-doo-be-doo-da-day /4:13
Compuesta por Henry Cosby, Sylvia Moy y Stevie Wonder.

11-With a child's heart /4:32
Vicky Basemore, Henry Cosby y Sylvia Moy.

12-Everybody's somebody's fool /3:58
Compuesta por Ace Adams y Lionel Hampton

13-In our small way /4:38
Compuesta por Beatrice Verdi y Christine Yarian.

14-All the things you are /3:55
Compuesta por Oscar Hammerstein II y Jerome Kern.

15-You can cry on my shoulder /3:32
Compuesta por Berry Gordy, Jr.

16-Maybe tomorrow /5:39
Compuesta por The Corporation.

17-I'll be there /4:57
Compuesta por Hal Davis, Willie Hutch, Berry Gordy, Jr. y Bob West.

18-Never can say goodbye /3:59
Compuesta por Clifton Davis.

19-It's too late to change the time /3:55
Compuesta por Pam Sawyer y Leon Ware.

20-Dancing machine /3:18
Compuesta por Hal Davis, Don Fletcher y Dean Parks.

Disco 2

1-When I come of age /2:39
Compuesta por Hal Davis, Don Fletcher y Dean Parks.

2-Dear Michael /2:31
Compuesta por Hal Davis y Elliot Willensky.

3-Music and me /2:36
Compuesta por Mike Cannon, Don Fenceton, Mel Larson y Jerry Marcellino.

4-You are there /3:23
Compuesta por Sam Brown, Rand Meitzenheimer y Christine Yarian.

5-One day in your life /4:15
Compuesta por Renee Armand y Sam Brown.

6-Love's gone bad /3:09
Compuesta por Lamont Dozier, Brian Holland y Eddie Holland.

7-That's what love is made of /3:24
Compuesta por Warren *Pete* Moore, Smokey Robinson y Robert Rogers.

8-Who's looking for a lover /2:51
Compuesta por Jacqueline Hilliard y Leon Ware.

9-Lonely teardrops /2:41
Compuesta por Tyran Carlo, Gwen Fuqua y Berry Gordy, Jr.

10-We're almost there /3:41
Compuesta por Brian Holland y Eddie Holland.

11-Take me back /3:21
Compuesta por Brian Holland y Eddie Holland.

12-Just a little bit of you /3:09
Compuesta por Brian Holland y Eddie Holland.

13-Melodie /3:19
Compuesta por Mel Larson, Jerry Marcellino y Deke Richards.

14-I'll come home to you /3:03
Compuesta por Freddie Perren y Christine Yarian.

15-If'n I was God /3:04
Compuesta por Robert B. Sherman.

16-Happy /3:25
Compuesta por Michel Legrand y Smokey Robinson.

17-Don't let it get you down /2:58
Compuesta por Mel Larson, Jerry Marcellino y Deke Richards.

18-Call on me /3:36
Compuesta por Fonce Mizell y Larry Mizell.

19-To make my father proud /4:04
Compuesta por Bob Crewe y Larry Weiss.

20- Farewell my summer love /4:21
Compuesta por Keni St. Lewis.

Bad
(Epic Records) 1/09/1987

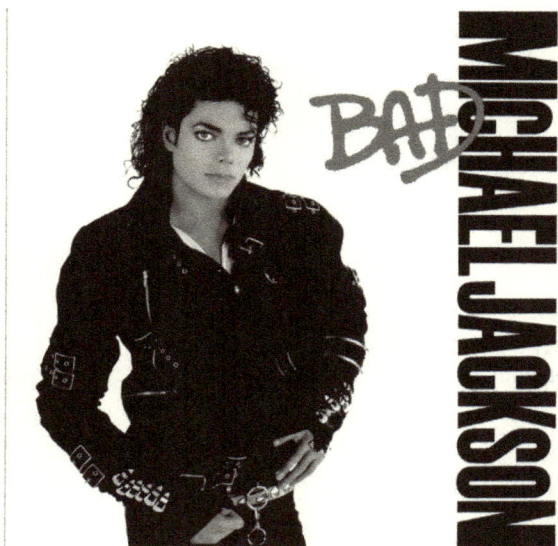

Este disco reafirmó su estatus de súper estrella. Se grabó entre el 5 de enero al 9 de julio de 1987. Quincy Jones nuevamente fue el productor y Michael compuso nueve de los once *tracks* incluidos. Cinco de sus sencillos ocuparon la cima de la *Billboard*. El disco ocupó el número uno en ventas en trece países.

Se aprecia una mayor libertad artística por parte de Michael quien recibió créditos de coproducción por el todo el álbum. Sus letras rondaron las temáticas del romance y la paranoia. Mantiene la fórmula de su predecesor y por momentos transita hacia el *hard rock*.

Su primera edición en LP tenía diez temas, sin «Leave me alone», que fue incluida en la edición CD y de vinilo posteriores.

«I just can't stop loving you» a dúo con Siedah Garrett ocupó la cima de las listas en Estados Unidos y el Reino Unido.

El video oficial de «Another part of me» fue grabado en vivo en el estadio Wembley, el 16 de julio de 1988 durante su gira *Bad World Tour* y dirigido por Patrick Kelly.

El clip de «Smooth criminal» fue dirigido por Colin Chilvers y protagonizado por Michael y Joe Pesci.

Jackson y Siedah Garrett grabaron posteriormente «Todo mi amor eres tú», versión en español del tema «I just can't stop loving you» traducida por Rubén Blades y «Je Ne Veux Pas La Fin De Nous», versión francesa con la traducción de Christine *Coco* Decroix. Las tres versiones fueron incluidas en la reedición del álbum *Bad 25* en 2012.

La revista especializada *Rolling Stone* lo ubicó en la posición 202 entre los 500 Mejores Álbumes de toda la historia. Ocupó la cima de la *Billboard* por seis semanas desde el 26 de septiembre de 1987 y fue certificado nueve veces platino.

Recibió nominaciones para los premios Grammy de 1988 en las categorías de Álbum del Año, Mejor Interpretación Masculina de Pop Vocal, Mejor Interpretación Masculina Vocal de R&B y Grabación del Año por «Man in the mirror». Al año siguiente Bad ganó la estatuilla por Mejor Ingeniería de Grabación No Clásica, así como Mejor Video Musical Corto por «Leave me alone» en 1990.

Bad hizo historia por ser el primer álbum en tener cinco sencillos consecutivamente en la cima de la *Billboard*. Este disco marcó el final de la colaboración entre Quincy Jones y Michael.

1-Bad /4:07
Compuesta por Michael Jackson. Lanzada al mercado el 7 de septiembre de 1987. Ocupó la cima de la *Billboard* por dos semanas. Jimmy Smith grabó el órgano hammond.

2-The way you make me feel /4:58
Compuesta por Michael Jackson. Lanzada al mercado como sencillo el 9 de noviembre de 1987. Ocupó la cima de la *Billboard.*

3-Speed demon /4:02
Compuesta por Michael Jackson. Fue lanzada como single promocional el 12 de octubre de 1989 del disco *Bad* y la película *Moonwalker*. Nunca se lanzó como sencillo comercial.

4-Liberian girl /3:54
Compuesta por Michael Jackson. Lanzada el mercado como sencillo el 3 de julio de 1989. Mi canción favorita del disco.

5-Just good friends /4:08
Compuesta por Terry Britten y Graham Lyle. Cantada a dúo con Stevie Wonder.

6-Another part of me /3:54
Compuesta por Michael Jackson. Lanzada al mercado como sencillo el 11 de julio de 1988. Incluida en el filme *Captain EO*.

7-Man in the mirror /5:20

Compuesta por Siedah Garrett y Glen Ballard. Lanzada el Mercado el 9 de enero de 1988. Ocupó la cima de la *Billboard*. Los coros fueron interpretados por la Garrett junto a The Andre Crouch Choir y The Winans. Siedah Garrett formó parte del grupo Deco. Se aprecian arreglos *góspel* en la canción. Michael la interpretó en la ceremonia de los premios Grammy en 1988.

8-I just can't stop loving you /4:26
Compuesta por Michael Jackson. Cantada a dúo con Siedah Garrett. Lanzada al mercado como sencillo el 20 de julio de 1987. Ocupó la cima de la *Billboard* el 19 de septiembre de 1987. Nathan East interpreta el bajo. Estuvo en la cima de las listas del Reino Unido por dos semanas. Se denota cierta influencia del tema «Got to be there». Gloria Estefan y James Ingram interpretaron la canción en vivo en un homenaje a Michael en 2001.

9-Dirty Diana /4:41
Compuesta por Michael Jackson. Lanzada al mercado como sencillo el 9 de abril de 1988. Ocupó la cima de la *Billboard*. Sonido *hard rock* similar a «Beat it» con el solo de guitarra interpretado por Steve Stevens.

10-Smooth criminal /4:19
Compuesta por Michael Jackson. Lanzada el mercado como sencillo el 24 de octubre de 1988. Ocupó la séptima posición de la *Billboard*.

11-Leave me alone /4:37
Compuesta por Michael Jackson. Lanzada al mercado como sencillo el 13 de febrero de 1989.

Dangerous
(Epic Records)19/11/1991

Dangerous tuvo más influencia de la musca *góspel* y el *hip hop* que discos anteriores de Michael. Sus letras abordaron el racismo, la pobreza, el romance, la infancia y el cuidado del medio ambiente. En sus 14 canciones prima la diversidad estilística y sonora.

Este trabajo ocupó la cima de las listas de ventas en nueve países. Ha vendido un estimado de 32 millones de copias mundialmente. Fue certificado siete veces platino y logró llamar la atención de la audiencia joven urbana del momento.

Teddy Riley reemplazó a Quincy Jones como el principal colaborador de Michael Jackson. Riley había trabajado anteriormente con Bobby Brown, Keith Sweat y su grupo llamado Guy, además se le considera el padrino del New Jack Swing que es una mezcla de *hip hop* con *soul*.

Michael Jackson, Teddy Riley, Bill Bottrell y Bruce Swedien compartieron créditos de producción. Una semana después de su lanzamiento el disco debutó en la primera posición de la *Billboard* donde se mantuvo cuatro semanas. El video musical de «Heal the World» fue dirigido por Joe Pytka y contuvo imágenes de niños pobres de África, especialmente de Burundi.

Michael recibió tres nominaciones al premio Grammy en las categorías de Mejor Interpretación Pop Vocal por «Black or White», así como Mejor Interpretación R&B Vocal y Mejor Canción R&B por «Jam». Swedien y Riley se agenciaron el premio Grammy en la categoría de Mejor Ingeniería de Grabación No Clásica.

El disco fue grabado en los estudios Ocean Way/Record One's Studio 2 de Los Angeles desde el 25 de junio de 1990 hasta el 29 de octubre de 1991.

1-Jam /5:39
Compuesta por Michael Jackson, René Moore, Bruce Swedien y Teddy Riley. Cantada a dúo con el rapero Heavy D. Lanzada al mercado como sencillo el 13 de julio de 1992.

2-Why you wanna trip on me /5:24
Compuesta por Teddy Riley y Bernard Belle.

3-In the closet /6:32
Compuesta por Michael Jackson y Teddy Riley. Con la participación de la princesa Stefania de Mónaco. Lanzada el mercado como sencillo el 8 de mayo de 1992. Ocupó la sexta posición de la Billboard y la cima de la lista R&B.

4-She drives me wild /3:42
Compuesta por Michael Jackson, Teddy Riley y Aqil Davidson. Cantada a dúo con el rapero Wreckx-n-Effect.

5-Remember the time /4:01
Compuesta por Teddy Riley, Michael Jackson y Bernard Belle. Mi canción favorita del disco. Lanzada al mercado como sencillo el 14 de enero de 1992. Ocupó la tercera posición de la *Billboard* y la cima de la lista R&B. Michael se la dedicó a Diana Ross.

6-Can't let her get away /4:59
Compuesta por Michael Jackson y Teddy Riley.

7-Heal the World /6:25
Compuesta por Michael Jackson. Lanzada al Mercado como sencillo el 23 de noviembre de 1992. Ocupó la segunda posición de las listas en el Reino Unido, la cima fue ocupada por el mega éxito «I will always love you», de Whitney Houston.

8-Black or white /4:16
Compuesta por Michael Jackson y Bill Bottrell. Cantada a dúo con el rapero L.T.B. Lanzada al mercado como sencillo el 11 de noviembre de 1991. Ocupó la cima de la *Billboard*. Contiene elementos de música *dance*, *rap* y *hard rock*. Fue número uno en las listas de veinte países.

9-Who is it /6:35

Compuesta por Michael Jackson. Lanzada al mercado como sencillo el 31 de agosto de 1992. Se denota influencia del tema «Billie Jean». Su video promocional fue dirigido por David Fincher.

10-Give in to me /5:30
Compuesta por Michael Jackson y Bill Bottrell. Con la participación de Slash, guitarrista de Guns ´n´ Roses. Lanzada al mercado como sencillo el 15 de febrero de 1993. Ocupó la segunda posición de las listas del Reino Unido. Tiene cierto toque de *heavy metal*.

11-Will you be there (Theme from Free Willy) /7:41
Compuesta por Michael Jackson. Incluida en la banda sonora del filme *Liberen a Willy*. Lanzada al mercado como sencillo el 28 de junio de 1993. Ocupó la séptima posición de la *Billboard*. Los coros fueron interpretados por The Andrae Crouch Singers.

12-Keep the faith /5:57
Compuesta por Glen Ballard, Siedah Garrett y Michael Jackson. Con la participación de The Andrae Crouch Singers.

13-Gone too soon /3:22
Compuesta por Larry Grossman y Buz Kohan. Hermosa interpretación de esta balada por Michael. Lanzada al mercado como sencillo el 1ro de diciembre de 1993. Jackson se la dedicó a su amigo Ryan White, adolescente hemofílico contagiado en una transfusión, fallecido de SIDA en abril de 1990. El *video clip* promocional fue dirigido por Bill DiCicco y contiene imágenes de Jackson y White juntos. Originalmente interpretada por Dionne Warwick, en febrero de 1983 en un especial de televisión dedicado a Janis Joplin y Karen Carpenter.

14-Dangerous /7:00
Compuesta por Michael Jackson, Bill Bottrell y Teddy Riley.

The Jacksons: An American Dream (con The Jackson 5)
(Motown Records)15/11/1992

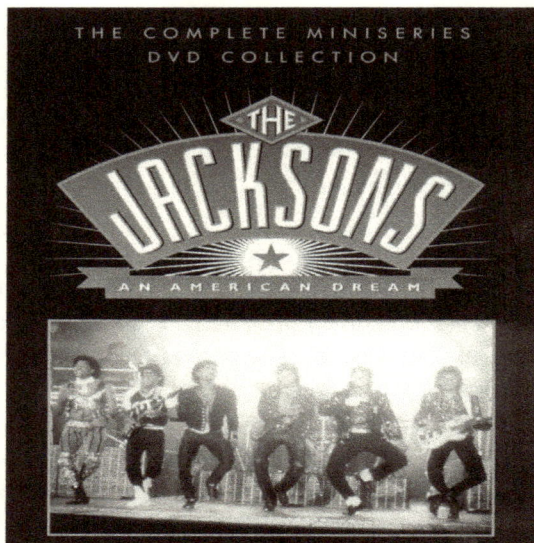

Banda sonora de la mini serie televisiva *The Jacksons: An American Dream*, que fue transmitida por la cadena ABC en noviembre de 1992. Contó la historia del surgimiento y salto a la fama de The Jackson 5 y fue producida por Jermaine Jackson, Joyce Eliason y Margaret Maldonado, dirigida por Karen Arthur con una duración de cuatro horas. Entre los artistas que participaron se destacaron Angela Bassett, Billy Dee Williams y Vanessa Williams. Este trabajo se convirtió en una de las más exitosas biografías musicales de los 90 y obtuvo grandes niveles de teleaudiencia. Tuvo siete nominaciones a los premios Emmy y se agenció cuatro galardones. La serie se basó en la autobiografía de Katherine Jackson titulada My Family.

1-Who's lovin' you /5:39
Compuesta por Smokey Robinson. Versión interpretada en vivo en Gary, Indiana el 29 de mayo de 1971.

2-Kansas City /2:19
Compuesta por Jerry Leiber y Mike Stoller. Interpretada por Jason Weaver. Clásico del rock&roll.

3-I'll be there /3:56

4-In the still of the night /2:51

Compuesta por Fred Parris. Interpretada por Boyz II Men

5-Walk on/The love you save /6:05
Versión interpretada en vivo en Gary, Indiana el 29 de mayo de 1971. Compuesta por Berry Gordy, Jr., Alphonso Mizell, Freddie Perren y Deke Richards.

6-I wanna be where you are /4:21
Compuesta por Arthur Ross y Leon Ware. Interpretada por Jason Weaver.

7-Dancing machine /3:17

8-The dream goes on /3:50
Compuesta por Eric Beall. Interpretada por Jermaine Jackson.

9-I want you back/*ABC* /3:23

Interpretada en vivo en The Forum, Los Angeles, el 26 de agosto de 1972.

10-Stay with love /4:19
Compuesta por John Barnes y Jermaine Jackson. Interpretada por Jermaine Jackson y Syreeta.

11-Never can say goodbye /2:59
Compuesta por Clifton Davis.

12-You are the ones (Interlude) /1:51
Compuesta por T.J. Jackson, Taj Jackson y Taryll Jackson. Interpretada por 3T.

13-Dancing machine [Remix] /3:43

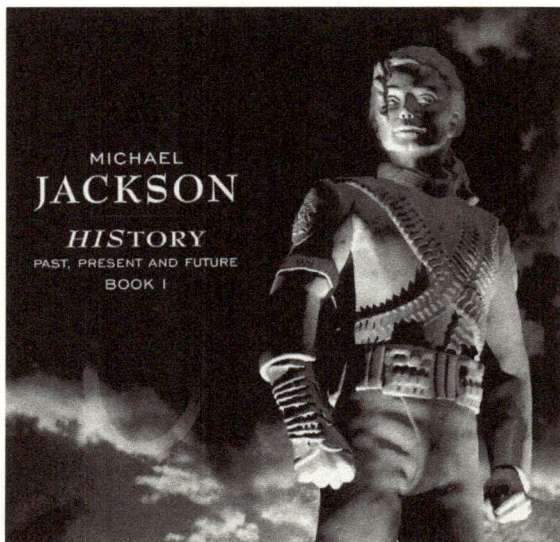

Álbum doble que incluyó 15 grandes éxitos de la época 1979-1991 en su primer disco titulado *History Begins* y 15 temas nuevos en el segundo, *History Continues*. Este larga duración contó con la campaña promocional más grande de todos los tiempos, donde Sony Music invirtió 30 millones de dólares. El material nuevo se grabó desde septiembre de 1994 hasta marzo de 1995. Ocupó la cima de la *Billboard*.

Michael demostró mayor independencia en su trabajo pues produjo el disco en su totalidad, interpretó varios instrumentos y escribió o coescribió 12 de los nuevos temas. Aunque se reiteran ideas de la época de *Bad*, este es el álbum más personal grabado por Michael. Todas las canciones tienen alguna referencia a los disimiles escándalos mediáticos sufridos por el artista. Además contó con la colaboración de R. Kelly, los raperos Shaquille O'Neal (un extraordinario jugador de baloncesto de la NBA) y Notorious B.I.G, el grupo Boyz II Men y el guitarrista Slash; de David Foster y Bill Bottrell como productores. Los discos estuvieron acompañados por un libro de 52 páginas con fotos, letras y un diseño artístico de Gottfried Helnwein.

El video promocional del sencillo «Scream», fue protagonizado por el propio Michael y su hermana Janet, dirigido por Mark Romaneky tuvo un presupuesto de siete millones de dólares. El *clip* de seis minutos de duración ostenta el récord al más caro de la historia, además fue nominado a 11 premios MTV, agenciándose tres galardones en las categorías de Mejor Video Dance, Mejor Dirección de Arte y Mejor Coreografía. En los Grammy recibió la estatuilla en la categoría de Mejor Video Musical. En el 2001 el canal televisivo VH1 lo ubicó en la novena posición de su lista de los 100 mejores videos de la historia.

«Childhood» también contó con un video realizado por Nicholas Brandt y la canción fue incluida en la banda sonora del filme *Free Willy 2*. Así mismo, «You are Not Alone», comandado por Wayne Isham fue protagonizado por Michael y su esposa Lisa Marie Presley.

«They don't care about us», tuvo dos videos ambos dirigidos por el renombrado Spike Lee. Por esta canción Michael recibió acusaciones de anti semita, la primera de ellas partió del periódico *The New York Times* el 15 de junio de 1995. Michael se disculpó, agregó que había sido mal interpretado y cambió la letra de canción.

Se destacan los *covers* «Come together», de The Beatles, originalmente grabada en 1988 para el filme *Moonwalker* y «Smile», de Charles Chaplin, de la cual Michael declaró era su canción favorita.

Durante la grabación del documental *This is It*, Michael declaró sobre «Earth Song»: «Respeto los secretos y la magia de la naturaleza. Por eso me disgusta tanto ver las cosas que pasan, que cada segundo, según dice, se tala el equivalente a un campo de fútbol en la Amazonia. Esas cosas realmente me molestan. Por eso escribo este tipo de canciones. Para fomentar cierta concientización y esperanza en la gente. Amo este planeta. Amo los árboles. Tengo debilidad por ellos. Por sus colores, sus cambios de hoja. Me encantan».

Fue producido por Epic Records, Sony Records y la casa disquera de Michael, MJJ Production fundada en 1988. Ha vendido un aproximado de 40 millones de copias mundialmente. Recibió cinco nominaciones a los premios Grammy entre ellas la de Álbum del Año.

El disco 1 fue reeditado con el nombre de *Greatest Hits: History,* Volume I el 13 de noviembre de 2001.

History Begins

1-Billie Jean /4:54

2-The way you make me feel /4:57

3-Black or white /4:15

4-Rock with you /3:40

5-She's out of my life /3:38

6-Bad /4:07

7-I just can't stop loving you /4:12
Interpretada junto a Siedah Garrett.

8-Man in the mirror /5:19

9-Thriller /5:57

10-Beat it /4:18

11-The girl is mine /3:41
Interpretada junto a Paul McCartney.

12-Remember the time /3:59

13-Don't stop 'til you get enough /6:06

14-Wanna be startin' something /6:03

15-Heal the World /6:24

History Continues

1-Scream /4:38
Compuesta por James Harris, Janet Jackson, Michael Jackson y Terry Lewis.
Interpretada junto a Janet. Lanzada al mercado como sencillo con doble cara
A junto a «Childhood» el 31 de mayo de 1995. Ocupó la quinta posición de
la *Billboard*. Recibió una nominación a los premios Grammy en la categoría
de Mejor Colaboración Vocal Pop. Se grabó en los estudios The Hit Factory
de New York y en Flyte Tyme Studios en Edina, Minnesota. Posee elementos
del *pop, R&B, electrorock, new jack swing, dance-pop y funk*.

2-They don't care about us /4:44
Compuesta por Michael Jackson. Lanzada al mercado como sencillo el 31 de
marzo de 1996.

3-Stranger in Moscow /5:44
Compuesta por Michael Jackson. Lanzada al mercado como sencillo el 28 de
agosto de 1997. Steve Porcaro interpretó los teclados.

4-This time around /4:20

124

Compuesta por Dallas Austin, Michael Jackson y Bruce Swedien. Interpretada junto al rapero The Notorious B.I.G. Lanzada al mercado como sencillo para la radio el 26 de diciembre de 1995.

5-Earth Song /6:46
Compuesta por Michael Jackson. Lanzada al mercado como sencillo el 27 de noviembre de 1995.

6-D.S. /4:49
Compuesta por Michael Jackson. Tema que transita por el *hard rock*. *Slash* interpreta la guitarra.

7-Money /4:41
Compuesta por Michael Jackson.

8-Come together /4:02
Compuesta por John Lennon y Paul McCartney. Michael adquirió los derechos de la canción.

9-You are not alone /5:45
Compuesta por R. Kelly. Lanzada al mercado como sencillo el 15 de agosto de 1995. Ocupó la cima de la Billboard cuando debutó el 2 de septiembre de 1995, primera en la historia en hacerlo. También fue número 1 en el Reino Unido. Fue nominada a los premios Grammy en la Categoría de Mejor Interpretación Vocal Pop Masculina. Mi canción favorita del disco.

10-Childhood /4:28
Compuesta por Michael Jackson. Incluida en la banda sonora del filme *Free Willy 2*. Lanzada al mercado como sencillo de doble cara A junto a Scream el 31 de mayo de 1995

11-Tabloid Junkie /4:32
Compuesta por James Harris, Michael Jackson y Terry Lewis. Transita por el hard funk.

12-2 Bad /4:49
Compuesta por Dallas Austin, Michael Jackson y Bruce Swedien. Interpretada junto a Shaquille O'Neal.

13-History /6:37
Compuesta por James Harris, Michael Jackson y Terry Lewis. Lanzada al mercado como sencillo en una versión remix el 30 de julio de 1997 como

parte del disco *Blood on the Dance Floor: History in the Mix.*

14-Little Susie /6:13
Compuesta por Michael Jackson.

15-Smile /4:56
Compuesta por Charlie Chaplin, Geoffrey Parsons y John Turner. Lanzada al mercado como sencillo el 20 de enero de 1998.

Soulsation! (con The Jackson 5)
(Motown Records) 20/06/1995

Disco cuádruple que contiene los éxitos de The Jackson 5 con Motown Records de 1969 a 1975. Todos los hits del conjunto, incluidos los de Michael y Jermanie en solitario fueron incluidos. Se lanzó al mercado para celebrar el 25 aniversario del grupo. El cuarto disco contiene canciones inéditas hasta el momento. También se destacan covers de la autoría de Sly and The Family Stone y Jackson Browne.

Disco 1

1-**I want you back** /2:58

2-**Who's lovin' you** /4:00

3-**You've changed** /3:12

4-**Stand!** /2:30

5-**Can you remember** /3:05

6-**ABC** /2:57

7-**The love you save** /3:04

8-I found that girl /3:08

9-La La la (Means I love you) /3:27

10-I'll bet you /3:15

11-(Come 'round here) I'm the one you need /2:42

12-The young folks /2:54

13-I'll be there /3:56

14-Goin' back to Indiana /3:29

15-Can I see you in the morning /3:11

16-Mama's Pearl /3:10

17-Reach in /3:29

18-Christmas won't be the same this year /2:29

19-Santa Claus is coming to town /2:23
Compuesta por J. Fred Coots.

20-Never can say goodbye /2:59

21-Maybe tomorrow /4:45

22-She's good /3:01

Disco 2

1-Got to be there /3:21
Interpretada por Michael Jackson en solitario.

2-People make the world go 'round /3:15
Interpretada por Michael Jackson en solitario.

3-Teenage symphony /2:45

4-Sugar Daddy /2:32

5-Ain't nothing like the real thing /2:28

6-Lookin' through the windows /3:39

7-Doctor my eyes /3:12
Compuesta por Jackson Browne.

8-Little bitty pretty one /2:47

9-If I have to move a mountain /3:16

10-Rockin' Robin /2:31
Interpretada por Michael Jackson en solitario.

11-I wanna be where you are /2:57
Interpretada por Michael Jackson en solitario.

12-Ben /2:47
Interpretada por Michael Jackson en solitario.

13-Skywriter /3:08

14-You made me what I am /2:59
Compuesta por Gary Harrison y Timothy Ray Menzies.

15-Hallelujah Day /2:46

16-Touch /2:59

17-Corner of the sky /3:39
Compuesta por Stephen Schwartz.

18-The boogie man /2:57

19-Get it together /2:48

20-Dancing machine /2:36

21-It's too late to change the time /3:58

22-Whatever you got, I want /2:55

Disco 3

1-The life of the party /2:33

2-I am love, Pts. 1 & 2 /7:27

3-If I don't love you this way /3:25

4-Mama I gotta brand new things (Don't say no) /7:11

5-Forever came today /6:21

6- Body language (Do the love dance) /4:07

7-All I do is think of you /3:12

8-It's a moving violation /3:35

9-(You were made) Especially for me /3:26

10-Honey love /4:38

11-That's how love goes /3:27
Interpretada por Jermaine Jackson en solitario.

12-Daddy's home /3:06
Compuesta por William Miller y James Sheppard. Interpretada por Jermaine Jackson en solitario.

13-Just a little bit of you /3:12
Interpretada por Michael Jackson en solitario.

14-Love is the thing you need /3:06

15-The eternal light /2:43

16-Pride and joy /2:44

17-You're my best friend, my love /3:24

18-Joyful Jukebox Music /3:14

19-Love don't wanna leave /3:08
Interpretada por Jackie Jackson en solitario

Disco 4

1-Can't get ready for losing you /3:47

2-You ain't giving me what I want (So I'm taking it all back) /4:21

3-Reach out I'll be there /3:44
Compuesta por Lamont Dozier, Brian Holland y Eddie Holland. Originalmente interpretada por The Four Tops en 1966.

4-I'm glad it rained /4:02

5-Afool for you /4:34

6-It's your thing /3:41
Compuesta por O'Kelly Isley, Ronald Isley y Rudolph Isley. Originalmente interpretada por The Isley Brothers en 1969.

7-Everybody is a star /3:02
Compuesta por Sylvester Stewart. Originalmente interpretada por Sly and The Family Stone en 1969.

8-I need you /3:26
Interpretada por Jermaine Jackson en solitario.

9- You're the only one /2:45

10-Just a little misunderstanding /2:42

11-Jamie /3:32

12-Ask the lonely /3:24
Compuesta por Ivy Jo Hunter y William *Mickey* Stevenson. Originalmente interpretada por The Four Tops en 1964.

13-We can have fun /3:21

14-I hear a symphony /3:01
Compuesta por Lamont Dozier, Brian Holland y Eddie Holland. Originalmente interpretada por The Supremes en 1965.

15-Let's have a party /3:11
Compuesta por Jessie Mae Robinson. Fue interpretada por Elvis Presley y
Wanda Jackson.

16-Love scenes /2:39

17-Lu Lu /2:40

18-Money honey /2:54
Compuesta por Jesse Stone. Originalmente interpretada por Clyde McPhat-
ter and The Drifters en 1953.

19-Comin' home /3:06
Compuesta por Elmore James y Billy Wood.

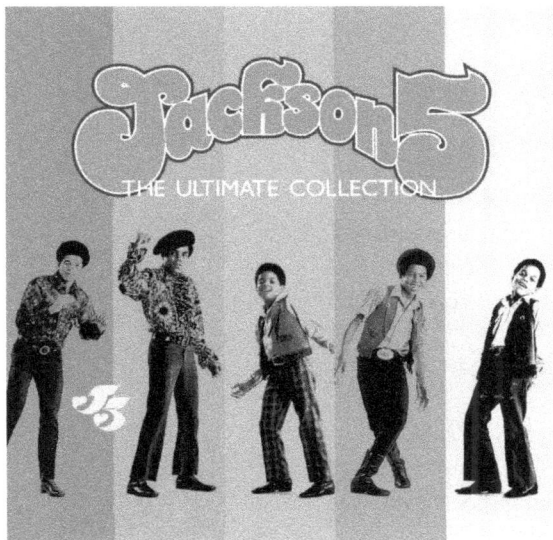

Jackson 5: The Ultimate Collection (con The Jackson 5)
(Motown Records) 15/08/1995

Álbum compilatorio de la banda con temas grabados de 1969 a 1975, su época en Motown Records. Versión condensada del anterior Soulsation! Contiene los éxitos en solitario de Michael: «Got to be there», «Rockin' Robin» y «Just a little bit of you» así como de Jermaine: «Daddy's home».

1-I want you back /2:58

2-ABC /2:58

3-The love you save /3:04

4-I'll be there /3:57

5-It's your thing /3:41

6-Who's lovin' you /4:01

7-Mama's Pearl /3:12

8-Never can say goodbye /3:00

9-Maybe tomorrow /4:46

10-Got to be there /3:23

11- Sugar daddy /2:32

12-Rockin' Robin /2:32

13-Daddy's home /3:03

14-Lookin' through the windows /3:38

15-I wanna be where you are /2:57

16-Get it together /2:48

17-Dancing machine /2:36

18-The life of the party /2:34

19-I am love, Pts. 1 & 2 /7:28

20-Just a little bit of you /3:12

21-It's your thing /5:57

Blood on the Dance Floor: History in the Mix

(Epic Records) 20/05/1997

Álbum de remixes. Contiene ocho temas de History: Past, Present and Future, Book I en versiones bailables y cinco composiciones nuevas que fueron « Blood on the dance floor», « Morphine», « Superfly sister», « Ghosts» e « Is it scary». Jackson interpretó la guitarra y la percusión en varios temas y las letras abordaron la drogadicción, el sexo y la paranoia.

Fue producido por la empresa de Michael, MJJ Productions y contó con la colaboración de Wyclef Jean.

Vendió un aproximado de seis millones de copias mundialmente y es considerado el disco de remixes más vendido de la historia.

1-Blood on the dance floor /4:13
Compuesta por Michael Jackson y Teddy Riley. Lanzada al mercado como sencillo el 21 de marzo de 1997. Marcada influencia de sus temas anteriores «Billie Jean» y «Smooth Criminal».

2-Morphine /6:28
Compuesta por Michael Jackson. Slash interpretó la guitarra. Contiene un fragmento de audio del filme The Elephant Man.

3-Superfly sister /6:27
Compuesta por Michael Jackson y Bryan Loren.

4-Ghosts /5:14
Compuesta por Michael Jackson y Teddy Riley. Lanzada al mercado como sencillo de doble cara A junto a History (Tony Moran's History Lesson) el 30 de julio de 1997.

5-Is it scary /5:36
Compuesta por Michael Jackson, James Harris III y Terry Lewis. Lanzada al mercado como sencillo el 18 de noviembre de 1997.

6-Scream louder (Flyte Tyme Remix) /5:27
Compuesta por James Harris III, Terry Lewis, Michael Jackson y Janet Jackson. Cantada a dúo con Janet Jackson.

7-Money (Fire Island Radio Edit) /4:23
Compuesta por Michael Jackson.

8-2 Bad (Refugee Camp Mix) /3:32
Compuesta por Michael Jackson, Bruce Swedien, René Moore, Dallas Austin
Cantada a dúo con John Forté.

9-Stranger in Moscow (Tee's In-House Club Mix) /6:54
Compuesta por Michael Jackson.

10-This time around (D.M. Radio Mix) /4:05
Compuesta por Michael Jackson y Dallas Austin.

11-Earth song (Hani's Club Experience) /7:55
Compuesta por Michael Jackson.

12-You are not alone (Classic Club Mix) /7:37
Compuesta por R. Kelly.

13-History (Tony Moran's History Lesson) /8:01
Compuesta por Michael Jackson, James Harris III, Terry Lewis. Lanzada al mercado como sencillo de doble cara A, junto a Ghosts, en una versión remix el 30 de julio de 1997.

(Motown Records)1/10/1999

Álbum compilatorio de los grandes éxitos de Michael en solitario y junto a sus hermanos durante su etapa en la Motown Records. Recibió la categoría Oro por el volumen de sus ventas en el Reino Unido. Contiene los remixes «I want you back [PWL Remix '88]» e «It's your thing [The J5 in '95 House Remix]»

1-I want you back /3:01

2-ABC /3:00

3-The love you save /3:06

4-I'll be there /3:59

5-Mama's Pearl /3:13

6-Never can say goodbye /3:02

7-Got to be there /3:24

8-Rockin' Robin /2:34

9-Ain't no sunshine /4:12

10-Lookin' through the windows /3:40

11-Ben /2:47

12-Doctor my eyes /3:13

13-Hallelujah day /2:48

14-Skywriter /3:11

15-Happy (Love Theme from Lady Sings the Blues) /3:24
Compuesta por Michel Legrand y Smokey Robinson. Incluida en la banda sonora del filme Lady Sings the Blues.

16-We're almost there /3:45

17-One day in your life /4:17

18-Girl you're so together /3:12

19-Farewell my summer love /4:27

20-I want you back[PWL Remix '88] /4:07

21-It's your thing [The J5 in '95 House Remix] /4:47

20th Century Masters —The Millennium Collection: The Best of The Jackson 5 (con The Jackson 5)

(Motown Records)26/10/1999

Álbum compilatorio de su época en Motown Records. Contiene los éxitos en solitario de Michael: «Got to be there» e «I wanna be where you are» y de Jermaine: «Daddy's home».
Ha vendido más de un millón de copias en los Estados Unidos.

1-I want you back /3:00

2-ABC /2:59

3-The love you save /3:06

4-I'll be there /3:59

5-Never can say goodbye /3:02

6-Got to be there /3:24

7-Sugar Daddy /2:34

8-Daddy's home /3:08

9-I wanna be where you are /3:01

10-Maybe tomorrow /4:46

11-Dancing machine /2:41

20th Century Masters –The Millennium Collection: The Best of Michael Jackson
(Motown Records)21/11/2000

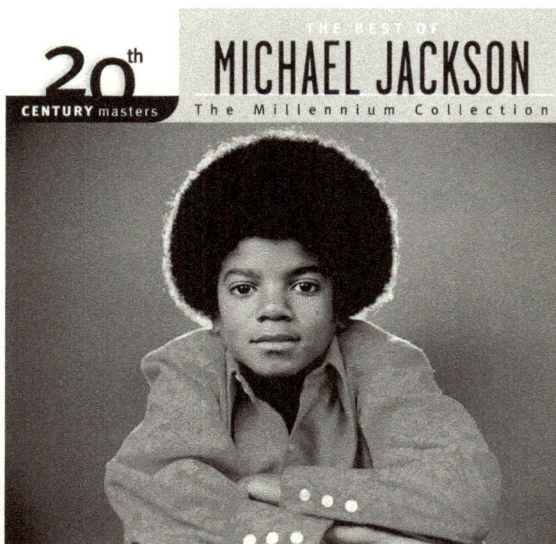

Álbum compilatorio que contiene varios éxitos en solitario de Michael durante su época en Motown Records de 1971 a 1975. Fue reeditado el 6 de marzo de 2012 bajo el titulo de *Icon*, el cual fue el noveno disco lanzado al mercado por Motown/Universal desde la muerte de Michael. Esta colección está incompleta, desde mi punto de vista faltan algunos *hits* del artista.

1-Got to be there /3:23

2-I wanna be where you are /2:57

3-Rockin' Robin /2:31

4-People make the world go 'round /3:13

5-With a child's heart /3:34

6-Happy (Love Theme from Lady Sings the Blues) /3:25

7-Ben /2:44

8-We're almost there /3:43

9-Just a little bit of you /3:12

10-One day in your life /4:16

11-Music and me /2:38

Off the Wall—Special Edition
(Epic Records)16/10/2001

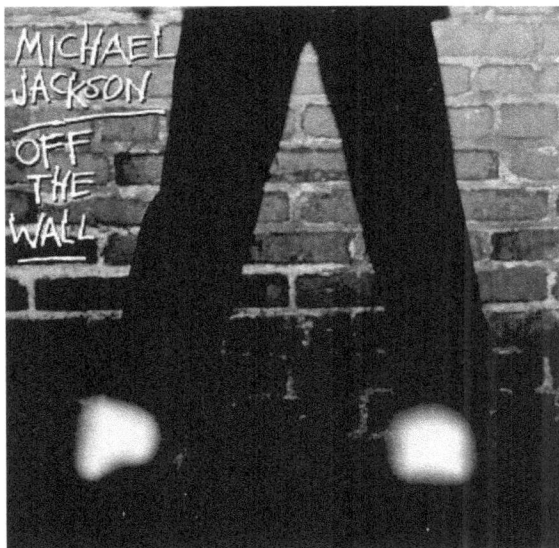

Edición especial del disco que contiene los demos originales de los temas «Don't stop 'til you get enough» y «Workin' day and night», así como comentarios del productor Quincy Jones y el compositor Rod Tempterton. Este disco es para coleccionistas.

Michael Jackson y Bruce Swedien fungieron como productores ejecutivos. El álbum se remasterizó en Bernie Grundman Mastering en la ciudad de Los Angeles. Rod Temperton fue entrevistado por Tom Vickers y Quincy Jones, por David Wild.

Forma parte de una colección de ediciones especiales junto a *Thriller, Bad* y *Dangerous* lanzados al mercado el mismo día.

1-Don't stop 'til you get enough /6:05
Randy Jackson interpretó la percusión.

2-Rock with you /3:40

3-Workin' day and night /5:13

4-Get on the floor /4:39

5-Off the wall /4:05
George Duke interpretó los teclados.

6-Girlfriend /3:04
David Foster, George Duke y Steve Porcaro interpretaron los teclados.

7-She's out of my life /3:38
Larry Carlton interpretó la guitarra.

8-I Can't Help It /4:29

9-It's the Falling In Love /3:48
David Foster y Steve Porcaro interpretaron los teclados. Cantada junto a Patti Austin.

10-Burn this disco out /3:44

11-Quincy Jones Commentary #1 /0:37

12-Don't stop 'til you get enough (Intro) /0:13

13-Don't stop 'til you get enough /4:48
Grabación del demo original de 1978.

14-Quincy Jones Commentary #2 /0:29

15-Workin' day and night (Intro) /0:10

16-Workin' day and night /4:19
Grabación del demo original de 1978.

17-Quincy Jones Commentary #3 /0:49

18-Rod Tempterton Commentary /4:57

19-Quincy Jones Commentary #4 /1:32

Thriller—Special Edition
(Epic Records) 16/10/2001

Los másteres originales fueron remasterizados e incluyó varios *bonus tracks* entre los que se destacan «Someone in the Dark» y «Carousel», así como un demo casero de Billie Jean.

Forma parte de una colección de ediciones especiales junto a *Off the Wall, Thriller* y *Dangerous* lanzados al mercado el mismo día.

1-Wanna be startin' somethin' /6:03

2-Baby be mine /4:21

3-The girl is mine /3:42
Cantada a dúo junto a Paul McCartney.

4-Thriller /5:58

5-Beat it /4:18
Guitarra interpretada por Eddie Van Halen.

6-Billie Jean /4:54

7-Human nature /4:06

8-P.Y.T. (Pretty young thing) /3:59

9-The lady in my life /5:00

10-Entrevista 1 a Quincy Jones /2:19

11-Someone in the dark /4:48
Compuesta por Alan Bergman, Marilyn Bergman y Rod Temperton.

12-Entrevista 2 a Quincy Jones /2:05

13-Billie Jean /2:21
Demo casero de 1981.

14-Entrevista 3 a Quincy Jones /3:11

15-Entrevista 4 a Rod Temperton /4:04

16-Entrevista 5 a Quincy Jones /1:33

17-Sesión de voces de Michael Jackson y Vincent Price para Thriller /2:53

18-Entrevista 6 a Rod Temperton /1:56

19-Entrevista 7 a Quincy Jones /2:02

20-Carousel /1:50
Compuesta por D. Freeman y M. Sembello.

21-Entrevista 8 a Quincy Jones /1:18

Bad–Special Edition
(Epic Records)16/10/2001

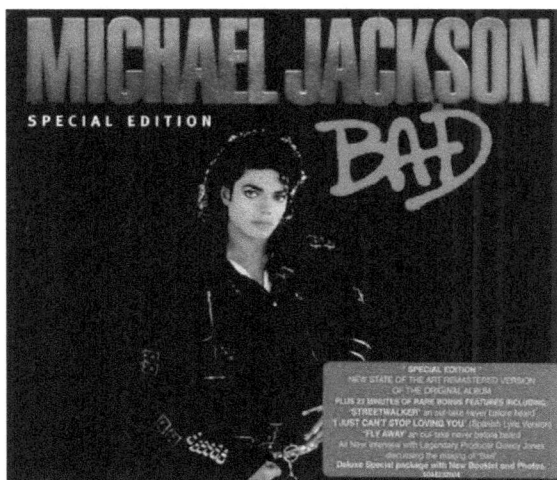

Forma parte de una colección de ediciones especiales junto a *Off the wall,* *Thriller* y *Dangerous* lanzados al mercado el mismo día. Contiene una versión especial de «I just can't stop loving you», en español titulada «Todo mi amor eres tú», con el arreglo de Rubén Blades. Además se destacan entrevistas al productor Quincy Jones.

1-**Bad** /4:07

2-**The way you make me feel** /4:58

3-**Speed demon** /4:01

4-**Liberian girl** /3:53

5-**Just good friends** /4:07

6-**Another part of me** /3:54

7-**Man in the mirror** /5:19

8-**I just can't stop loving you** /4:12

9-Dirty Diana /4:41

10-Smooth criminal /4:17

11-Leave me alone /4:40

12-Voice-Over Intro/ Entrevista 1 a Quincy Jones /4:03

13-Streetwalker /5:48
Compuesta por Michael Jackson.

14-Voice-Over Intro/ Entrevista 2 a Quincy Jones /2:53

15-Todo mi amor eres tú /4:05
Compuesta por Rubén Blades y Michael Jackson.

16-Entrevista 3 a Quincy Jones /2:30

17-Voice-Over Intro/Fly Away /0:08

18-Fly away /3:26
Compuesta por Michael Jackson.

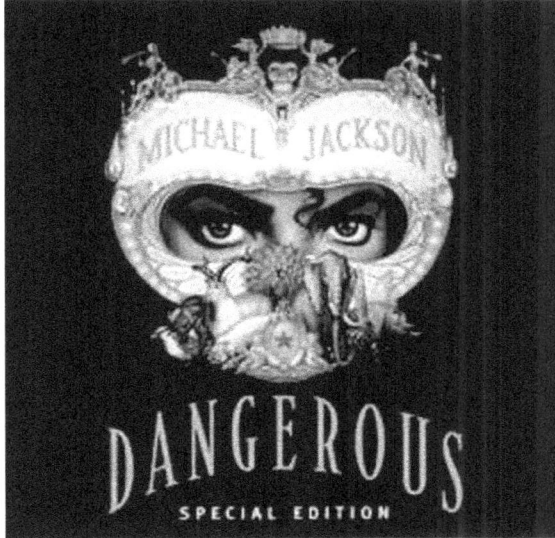

Forma parte de una colección de ediciones especiales junto a *Off the wall*, *Thriller* y *Bad* lanzados al mercado el mismo día. La reedición contiene el libro original más uno de 24 páginas con fotos inéditas.

1-Jam /5:39

2-Why you wanna trip on me /5:24

3-In the closet /6:32

4-She drives me wild /3:42

5-Remember the time /4:01

6-Can't let her get away /4:59

7-Heal the World /6:25

8-Black or white /4:16

9-Who is it /6:35

10-**Give in to me** /5:30

11-**Will you be there** (Theme from Free Willy) /7:41

12-**Keep the faith** /5:57

13-**Gone too soon** /3:22

14-**Dangerous** /7:00

Invincible
(Epic Records)31/10/2001

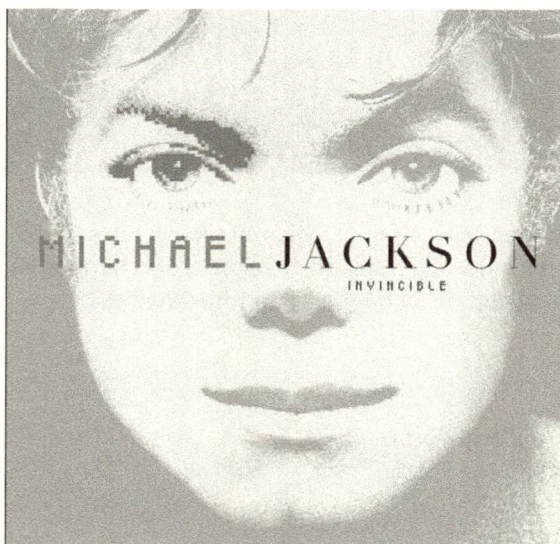

Invincible debutó en el número 1 en once países alrededor del mundo y vendió más de 366.000 discos en su primera semana en el mercado de los Estados Unidos. El álbum fue presentado con varias portadas de color, Michael expresó que era para hacerlo más divertido, si a alguna persona no le gustaba la portada en blanco, estaba en azul, en naranja y rojo o sea que fue diseñado para todos los gustos. Tuvo poca promoción debido a problemas del artista con su casa disquera.

En este trabajo Jackson apareció con un estilo distinto e innovador. Su costo fue estimado en 30 millones de dólares, considerado el más caro de la historia. Este fue su último disco lanzado al mercado en vida. Transitó por el *R&B, hip hop, dance-pop* y ritmos urbanos. Se estima que sus ventas totales rebasaron los diez millones de copias.

Michael Jackson, Rodney Jerkins, Teddy Riley, Dr. Freeze, Andreao *Fanatic* Heard, Nate Smith, Andre Harris, Kenneth *Babyface* Edmonds, Richard Stites y R. Kelly fungieron como productores de las canciones incluidas en el larga duración. Las canciones producidas por Rodney Jerkins fueron grabadas en el estudio The Hit Factory en Miami, Florida.

Babyface interpretó la guitarra acústica, el bajo, teclados y coros. Brandy estuvo en los coros. Nathan East interpretó el bajo.

Invincible fue dedicado al niño afro noruego de 15 años de edad, Benjamin *Benny* Hermansen, asesinado por un grupo neonazi en Oslo, Noruega en enero de 2001

«Privacy» es una reflexión sobre la intromisión de los medios en la vida privada de Michael. «You rock my world» fue nominada a los premios Grammy en la categoría de Mejor Interpretación Pop Vocal Masculina pero perdió ante «Don't let me be lonely tonight» de James Taylor.

El *video clip* promocional de «You rock my world» fue dirigido por Paul Hunter y contó con la participación de los actores Chris Tucker y Marlon Brando.

1-Unbreakable /6:25
Compuesta por Michael Jackson, Rodney Jerkins, Fred Jerkins III, LaShawn Daniels, Nora Payne, Robert Smith, Christopher George y Latore Wallace. Cantada a dúo con el rapero The Notorious B.I.G.

2-Heartbreaker /5:10
Compuesta por Michael Jackson, Rodney Jerkins, Fred Jerkins III, LaShawn Daniels y Norman Gregg. Cantada a dúo con el rapero Fats.

3-Invincible /4:45
Michael Jackson, Rodney Jerkins, Fred Jerkins III, LaShawn Daniels y Norman Gregg. Cantada a dúo con el rapero Fats.

4-Break of dawn /5:32
Compuesta por Dr. Freeze y Michael Jackson

5-Heaven can wait /4:49
Compuesta por Michael Jackson, Teddy Riley, Andreao *Fanatic* Heard, Nate Smith, Teron Beal, Eritza Laues y Kenny Quiller.

6-You rock my world /5:39
Compuesta por Michael Jackson, Rodney Jerkins, Fred Jerkins III, LaShawn

Daniels y Nora Payne. Fue lanzada al mercado como sencillo el 22 de agosto de 2001. Se manifiesta la influencia de su trabajo previo con Quincy Jones.

7-Butterflies /4:40
Compuesta por Andre Harris y Marsha Ambrosius. Lanzada al mercado como sencillo el 8 de febrero de 2002.

8-Speechless /3:18
Compuesta por Michael Jackson.

9-2000 Watts /4:24
Compuesta por Michael Jackson y Teddy Riley.

10-You are my life /4:33
Compuesta por Michael Jackson, Babyface, Carole Bayer Sager y John McClain. Dedicada a los hijos de Michael.

11-Privacy /5:05
Compuesta por Michael Jackson, Rodney Jerkins, Fred Jerkins III, LaShawn Daniels y Bernard Bell. Slash interpretó la guitarra.

12-Don't walk away /4:25
Compuesta por Michael Jackson, Teddy Riley y Reed Vertelney.

13-Cry /5:01
Compuesta por R. Kelly. Lanzada al mercado como sencillo el 1 de diciembre de 2001.

14-The lost children /4:00
Compuesta por Michael Jackson.

15-Whatever happens /4:56
Compuesta por Gil Cang, Michael Jackson, Teddy Riley y Geoffrey Williams. Carlos Santana interpretó la guitarra.

16-Threatened /4:19
Compuesta por Michael Jackson, Rodney Jerkins, Fred Jerkins III y LaShawn Daniels.

Greatest Hits: History, Volume I
(Epic Records)13/11/2001

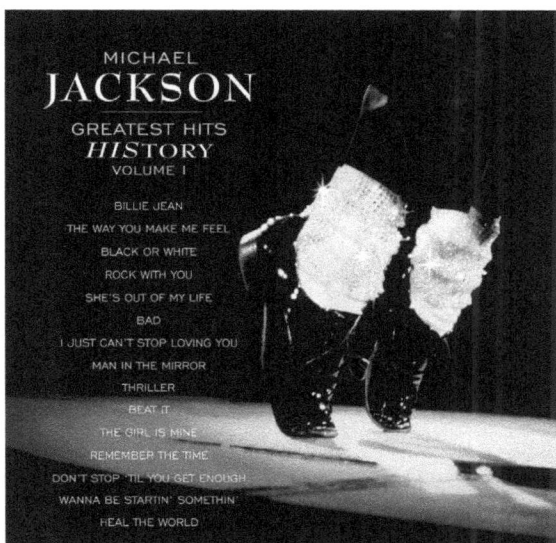

Disco de grandes éxitos que formó parte del disco doble *History: Past, Present and Future, Book I* lanzado al mercado en 1995. Esta edición del álbum vendió un estimado de cinco millones de copias.

1-Billie Jean /4:54

2-The way you make me feel /4:57

3-Black or white /4:15

4-Rock with you /3:40

5-She's out of my life /3:38

6-Bad /4:07

7-I just can't stop loving you /4:12
Interpretada junto a Siedah Garrett.

8-Man in the mirror /5:19

9-Thriller /5:57

10-Beat it /4:18

11-The girl is mine /3:41
Interpretada junto a Paul McCartney.

12-Remember the time /3:59

13-Don't stop 'til you get enough /6:06

14-Wanna be startin' something /6:03

15-Heal the World /6:24

Number Ones
(Epic Records) 18/117 2003

**MICHAEL
JACKSON
NUMBER
ONES**

Contiene los grandes éxitos del artista en solitario, así como «One more chance», su último sencillo original lanzado al mercado en vida. Ocupó la cima de las listas en el Reino Unido.

Tuvo dos versiones, la internacional y la norteamericana. No todos los temas incluidos fueron números 1 de la *Billboard*.
1-Don't stop 'til you get enough /3:56

2-Rock with you /3:40

3-Billie Jean /4:53

4-Beat it /4:18

5-Thriller /5:12

6-I just can't stop loving you /4:11

7-Bad /4:06

8-Smooth criminal /4:17

9-The way you make me feel /4:57

10-Man in the mirror /5:04

11-Dirty Diana4:41

12-Black or white /3:19

13-You are not alone /4:34

14-Earth song /5:01

15-You rock my world /4:26

16-Break of dawn /5:29

17-One more chance /3:49
Compuesta por R. Kelly.

18-Ben /2:58
Versión en vivo incluida en The Jacksons Live! de 1981.

The Essential Jacksons (con The Jacksons)

(Epic Records) 9/03/2004

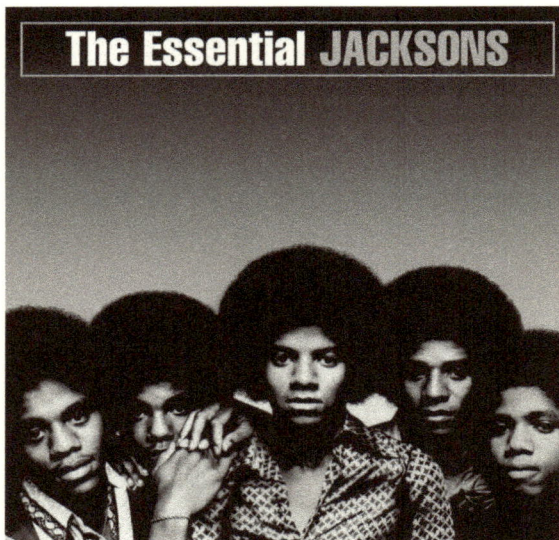

Compilación de los éxitos de The Jacksons durante su época con Epic Records de 1976 a 1989. Abundan las canciones que transitan por el *funk* y la música disco.

1-**Enjoy yourself** /3:39

2-**Show you the way to go** /5:26

3-**Goin' places** /4:28

4-**Find me a girl** /4:32

5-**Blame It on the boogie** /3:30

6-**Shake your body (Down to the ground)** /7:57

7-**Lovely one** /4:50

8-**This Place Hotel** /5:44

9-**Can you feel it** /5:58

10-Walk right now /6:26

11-State of shock /4:29

12-2300 Jackson Street /5:05

13-Nothin' (That Compares 2 U) /5:23

14-Don't stop 'til you get enough /4:44
Versión en vivo.

The Very Best of The Jacksons (con The Jacksons)
(Epic Records)17/08/2004

**THE VERY BEST OF
THE JACKSONS**

Disco doble con los éxitos de la banda con ambas disqueras Motown Records y Epic Records. También contiene varios temas de Michael en solitario.

Posterior a esta compilación, Epic Records lanzó al mercado los discos dobles *Off the wall/Thriller y Bad/Dangerous* el 27 de septiembre de 2004.

Disco 1

1-I want you back /2:58

2-ABC /2:59

3-The love you save /3:04

4-I'll be there /3:58

5-Mama's Pearl /3:12

6-Never can say goodbye /2:58

7-Sugar Daddy /2:33

8-Dancing machine /2:38

9-Lookin' through the windows /3:37

10-Doctor my eyes /3:10

11-Ain't no sunshine /4:11

12-Got to be there /3:24

13-Rockin' Robin /2:34

14-Ben /2:45

15-One day in your life /4:11

16-Farewell my summer love /3:42

Disco 2

1-Can you feel it /6:00

2-Blame it on the boogie /3:33

3-Enjoy yourself /3:42

4-Show you the way to go /5:28

5- Dreamer /3:07

6-Even though you're gone /4:33

7-Goin' places /4:30

8-Torture /4:56

9-Shake your body (Down to the ground) /3:47

10-Lovely one /4:52

11-This Place Hotel /5:45

12-Walk right now /6:27

13-State of shock /4:32

14-2300 Jackson Street /5:07

15-Nothin (That Compares 2 U) /5:24
Compuesta por L.A. Reid.

16-Don't stop 'til you get enough /4:45

MICHAEL JACKSON
The ULTIMATE COLLECTION

Box set de grandes éxitos de la obra en solitario de Michael. Fue editado tras la salida al mercado por parte de Epic Records el 27 de septiembre de 2004 de los discos dobles *Off the wall/Thriller y Bad/Dangerous.*

Compilación bien completa del trabajo de Michael que contiene 4 CD y un DVD inédito. Aunque faltan varios éxitos importantes, recorre desde su época con The Jackson 5 hasta su disco *Invincible* de 2001.

Disco 1

1-I want you back /2:58

2-ABC /2:57

3-I'll be there /3:56

4-Got to be there /3:23

5-I wanna be where you are /2:59

6-Ben /2:44

7-Dancing machine /2:37

8-Enjoy yourself /3:40

9-Ease on down the road /3:19
Compuesta por Charlie Smalls. Cantada a dúo con Diana Ross. Incluida en la banda sonora del filme The Wiz.

10-You can't win /7:18
Compuesta por Charlie Smalls. Incluida en la banda sonora del filme *The Wiz*.

11-Shake a body /2:09
Compuesta por Michael Jackson y Randy Jackson. Demo inédito grabado en agosto de 1978 durante las sesiones del disco Destiny.

12-Shake your body /3:44

13-Don't stop 'til you get enough /6:04

14-Rock with you /3:39

15-Off the wall /4:06

16-She's out of my life /3:38

17-Sunset driver /4:03
Compuesta por Michael Jackson. Demo inédito.

18-Lovely one /4:50

19-This Place Hotel /5:44

Disco 2

1-Wanna be startin' somethin' /6:03

2-The girl is mine /3:42
Cantada a dúo con Paul McCartney.

3-Thriller /5:58

4-Beat it /4:18

5-Billie Jean /4:53

6-P.Y.T. (Pretty young thing) /3:46
Compuesta por Michael Jackson y Greg Phillinganes. Versión inédita.

7-Someone in the dark /4:54
Compuesta por Alan Bergman, Marilyn Bergman y Rod Temperton. Incluida en el story book *E.T. the Extra-Terrestrial.* Grabada en junio de 1982.

8-State of shock /4:30
Cantada a dúo con Mick Jagger.

9-Scared of the moon /4:41
Compuesta por Michael Jackson y Buz Kohan. Demo inédito.

10-We are the world /5:20
Compuesta por Michael Jackson y Lionel Richie. Demo inédito grabado el 28 de enero de 1985. La voz de Michael es la única que se escucha.

11-We Are Here to Change the World /2:53
Compuesta por Michael Jackson y John Barnes. Tema inédito incluido en la banda sonora del filme *Captain EO.* Grabado en 1986.

Disco 3

1-Bad /4:07

2-The way you make me feel /4:58

3-Man in the mirror /5:20

4-I just can't stop loving you /4:13
Cantada a dúo con Siedah Garrett.

5-Dirty Diana /4:41

6-Smooth criminal /4:17

7-Cheater /5:09
Compuesta por Michael Jackson y Greg Phillinganes. Demo inédito grabado el 13 y 17 de marzo de 1987 durante las sesiones del disco *Bad.*

8-Dangerous /6:40
Versión inédita.

9-Monkey Business /5:46
Compuesta por Michael Jackson y Bill Bottrell. Demo inédito grabado en 1989 durante la sesiones del disco *Dangerous*.

10-Jam /5:39
Cantada a dúo con el rapero Heavy D.

11-Remember the time /4:00

12-Black or white /4:16

13-Who is it (IHS Mix)7:57 Compuesta por Michael Jackson.

14-Someone put your hand out / 5:25
Compuesta por Michael Jackson. Demo Inédito.

Disco 4

1-You are not alone /6:03
Versión extendida.

2-Stranger in Moscow /5:44

3-Childhood /4:28
 Incluida en la banda sonora del filme Free Willy 2.

4-On the line /4:53
Compuesta por Michael Jackson y Kenneth *Babyface* Edmonds.

5-Blood on the dance floor /4:12

6-Fall Again /4:22
Compuesta por Walter Afanasieff y Robin Thicke. Demo inédito grabado en 1999 durante las sesiones del disco Invincible.

7-In the back /4:31 Compuesta por Michael Jackson y Glen Ballard. Tema inédito.

8-Unbreakable /6:26 Cantada a dúo con el rapero The Notorious B.I.G.

9-You rock my world /5:09

10-Butterflies /4:40

11-Beautiful girl /4:03
Compuesta por Michael Jackson. Demo inédito grabado durante las sesiones del disco Invincible.

12-The way you love me /4:30
 Demo inédito grabado durante las sesiones del disco Invincible.

13-We've had enough /5:45
Compuesta por Michael Jackson, Rodney Jerkins, LaShawn Daniels y Carole Bayer Sager. Demo inédito grabado durante las sesiones del disco Invincible.

Disco 5
DVD: *Live in Bucharest: The Dangerous Tour* (Inédito)

1-Jam /8:16

2-Wanna be startin' somethin' /5:13

3-Human nature /5:02

4-Smooth criminal /6:00

5-I just can't stop loving you /4:45
Cantada a dúo con Siedah Garrett.

6-She's out of my life /4:53

7-I want you back/The love you save /2:17

8-I'll be there /4:33

9-Thriller /5:51

10-Billie Jean /7:44

11-Workin' day and night /10:04

12-Beat it /7:24

13-Will you be there /6:51

14-Black or white /6:38

15-Heal the world /8:53

16-Man in the mirror /13:28

Gold (con The Jackson 5)
(Motown Records)1/05/2005

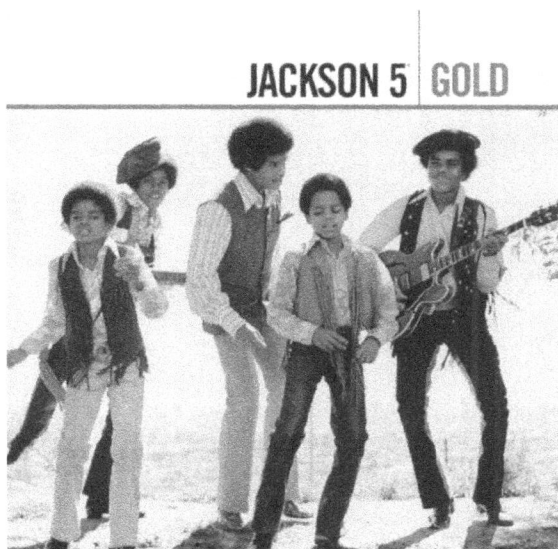

JACKSON 5 GOLD

Una de las mejores compilaciones del trabajo de The Jackson 5 durante su época en la Motown Records. Contiene los éxitos de los nueve álbumes oficiales con la disquera así como varios temas inéditos.

Disco 1

1-I want you back /3:00

2-Who's loving you /4:01

3-ABC /2:59

4-The young folks /2:55

5-The love you save /3:04

6-I found that girl /3:10

7-I'll bet you /3:17

8-I'll be there /3:59

9-Goin' back to Indiana /3:31

10-Mama's Pearl /3:12

11-Darling Dear /2:38

12-Never can say goodbye /2:56

13-Maybe tomorrow /4:46

14-It's great to be here /3:12

15-Sugar Daddy /2:34

16-I'm so happy /2:48
Compuesta por Freddie Perren, Alphonso Mizell, Deke Richards y Berry Gordy. Inédita.

17-Medley: Sing a simple song/Can you remember /2:08
Compuesta por Thom Bell, William *Poogie* Hart y Sylvester *Sly Stone* Stewart. Inédita.

18-Doctor my eyes /3:14

19-Little bitty pretty one /2:49

20-Lookin' through the windows /3:41

21-Love song /3:25

Disco 2

1-Corner of the sky /3:41

2-Touch /3:01

3-Hallelujah day /2:48

4-Daddy's home /5:28
Compuesta por William Miller. Versión inédita grabada en vivo.

5-Get it together /2:49

6-Hum along and dance /8:37

7-Mama I gotta brand new thing (Don't say no) /7:11

8-It's too late to change the time /3:59

9-Dancing machine /3:30

10-Whatever you got, I want /2:57

11-The Life of the party /2:35

12-I am love /7:29

13-All I do is think of you /3:13

14-Forever came today /6:23

15-We're here to entertain you /3:02
Compuesta por Hal Davis. Inédita.

Disco doble que contiene los grandes éxitos del artista desde su época con The Jackson 5.

Después de este trabajo la disquera editó el álbum doble *Blood on the Dance Floor: History in the Mix/Invincible* el 10 de abril del 2006.

Disco 1

1-I want you back /2:58

2-ABC /2:57

3-The love you save /3:05

4-Got to be there /3:25

5-Rockin' Robin /2:32

6-Ben /2:46

7-Enjoy yourself /3:21

8-Blame It on the boogie /3:30

9-Shake your body (Down to the ground) /3:44

10-Don't stop 'til you get enough /5:51

11-Rock with you /3:23

12-Off the wall /3:45

13-She's out my life /3:37

14-Can you feel it /3:50

15-The girl is mine /3:41

16-Billie Jean /4:52

17-Beat it /4:18

18-Wanna be startin' somethin' /4:17

19-Human nature /3:45

20-P.Y.T. (Pretty Young Thing) /3:58

21-Thriller /5:12

Disco 2

1-Bad /4:07

2-I just can't stop loving you /4:11

3-Leave me alone /4:40

4-The way you make me feel /4:26

5-Man in the mirror /5:18

6-Dirty Diana /4:40

7-Another part of me /3:46

8-Smooth criminal /4:17

9-Black or white /3:22

10-Heal the world /6:25

11-Remember the time /3:59

12-In the closet /4:48

13-Who is it /3:59

14-Will you be there /3:40

15-Dangerous /6:59

16-You are not alone /4:55

17-You rock my world /5:08

Blood on the Dance Floor: History in the Mix / Invincible

(Epic Records) 10/04/2006

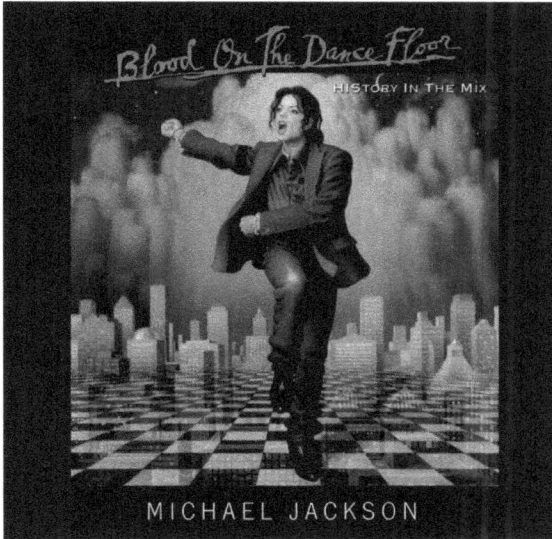

Álbum de remixes. Contiene ocho temas de *History: Past, Present and Future, Book I* en versiones bailables y cinco composiciones nuevas que fueron «Blood on the dance floor», «Morphine», «Superfly sister», «Ghosts» e «Is it scary». Jackson interpretó la guitarra y la percusión en varios temas y las letras abordaron la drogadicción, el sexo y la paranoia.

Fue producido por la empresa de Michael, MJJ Productions y contó con la colaboración de Wyclef Jean.

Vendió un aproximado de seis millones de copias mundialmente y es considerado el disco de remixes más vendido de la historia.

1-Blood on the dance floor /4:13
Compuesta por Michael Jackson y Teddy Riley. Lanzada al mercado como sencillo el 21 de marzo de 1997. Marcada influencia de sus temas anteriores « Billie Jean» y «Smooth Criminal».

2-Morphine /6:28
Compuesta por Michael Jackson. Slash interpretó la guitarra. Contiene un fragmento de audio del filme The Elephant Man.

3-Superfly sister /6:27
Compuesta por Michael Jackson y Bryan Loren.

4-Ghosts /5:14

Compuesta por Michael Jackson y Teddy Riley. Lanzada al mercado como sencillo de doble cara A junto a History (Tony Moran's History Lesson) el 30 de julio de 1997.

5-Is it scary /5:36

Compuesta por Michael Jackson, James Harris III y Terry Lewis. Lanzada al mercado como sencillo el 18 de noviembre de 1997.

6-Scream louder (Flyte Tyme Remix) /5:27

Compuesta por James Harris III, Terry Lewis, Michael Jackson y Janet Jackson. Cantada a dúo con Janet Jackson.

7-Money (Fire Island Radio Edit) /4:23

Compuesta por Michael Jackson.

8-2 Bad (Refugee Camp Mix) /3:32

Compuesta por Michael Jackson, Bruce Swedien, René Moore, Dallas Austin Cantada a dúo con John Forté.

9-Stranger in Moscow (Tee's In-House Club Mix) /6:54

Compuesta por Michael Jackson.

10-This time around (D.M. Radio Mix) /4:05

Compuesta por Michael Jackson y Dallas Austin.

11-Earth song (Hani's Club Experience) /7:55

Compuesta por Michael Jackson.

12-You are not alone (Classic Club Mix) /7:37

Compuesta por R. Kelly.

13-History (Tony Moran's History Lesson) /8:01

Compuesta por Michael Jackson, James Harris III, Terry Lewis. Lanzada al mercado como sencillo de doble cara A, junto a Ghosts, en una versión remix el 30 de julio de 1997.

Visionary: The Video Singles
(Epic Records)14/11/2006

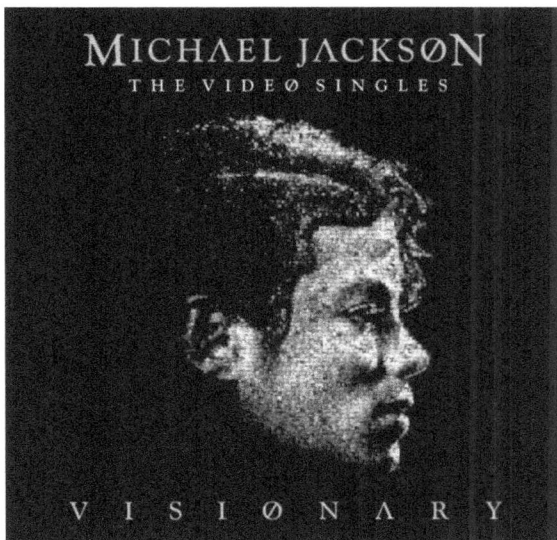

Box set con los grandes éxitos del artista en solitario. Contiene 20 dual CD/DVD.
Salió al mercado tras la edición del álbum doble *Blood on the Dance Floor: History in the Mix/Invincible* el 10 de abril del 2006.

Disco 1

1-Thriller /4:09

2-Thriller (album version) /5:58

3-Thriller (video) /13:40

Disco 2

1-Don't stop 'til you get enough /3:57

2-Don't stop 'til you get enough (original 12" edit) /5:58

3-Don't stop 'til you get enough (video) /4:11

Disco 3

1-Rock with You /3:23

2-Rock with You (Masters at Work Remix) /5:33

3-Rock with You (video) /3:23

Disco 4

1-Billie Jean /4:54

2-Billie Jean (original 12" edit.) /6:23

3-Billie Jean (video) /4:54

Disco 5

1-Beat it /4:18

2-Beat it (Moby's Sub Mix) /6:11

3-Beat it (video) /4:56

Disco 6

1-Bad /4:07

2-Bad (extended dance mix w/ "false fade") /8:23

3-Bad (video) /4:19

Disco 7

1-The way you make me feel /4:26

2-The way you make me feel (extended dance mix) /7:53

3-The way you make me feel (video) /6:43

Disco 8

1-**Dirty Diana** /4:41

2-**Dirty Diana** (instrumental) /4:41

3-**Dirty Diana** (video) /5:02

Disco 9

1-**Smooth criminal** /4:19

2-**Smooth criminal** (extended dance mix) /7:49

3-**Smooth criminal** (video) /4:13

Disco 10

1-**Leave me alone** /4:39

2-**Another part of me** (12" extended dance mix) /6:20

3-**Leave me alone** (video) /4:39

Disco 11

1-**Black or white** /3:17

2-**Black or white** (Clivillés & Cole House Guitar Radio Mix) /3:49

3-**Black or white** (video) /11:00

Disco 12

1-**Remember the time** /4:00

2-**Remember the time** (New Jack Jazz Radio Mix) /4:05

3-**Remember the time** (video) /9:15

Disco 13

1-**In the closet** /4:47

2-In the closet (club mix)8:02

3-In the closet (video) /6:02

Disco 14

1-Jam /5:39

2-Jam (12" Silky Mix) /6:28

3-Jam (video) /8:00

Disco 15

1-Heal the world /4:34

2-Will you be there /5:52

3-Heal the world (video) /7:30

Disco 16

2-You Are not alone (Classic Club Mix) /7:36

3-You are not alone (video) /5:45

Disco 17

1-Earth song /5:02

2-Earth song (Hani's Club Experience) /7:55

3-Earth song (video) /6:43

Disco 18

1-They don't care about us /4:09

2-They don't care about us (Love to Infinity's Walk in the Park Mix) /7:18

3-They don't care about us (video) /4:42

Disco 19

1-Stranger in Moscow /5:22

2-Stranger in Moscow (Tee's In-House Club Mix) /6:54

3-Stranger in Moscow (video) /5:32

Disco 20

1-Blood on the Dance Floor /4:14

2-Blood on the Dance Floor (Fire Island Vocal Mix) /8:58

3-Blood on the Dance Floor (video) /4:16

Thriller—25th Anniversary Edition

(Epic Records) 12/02/2008

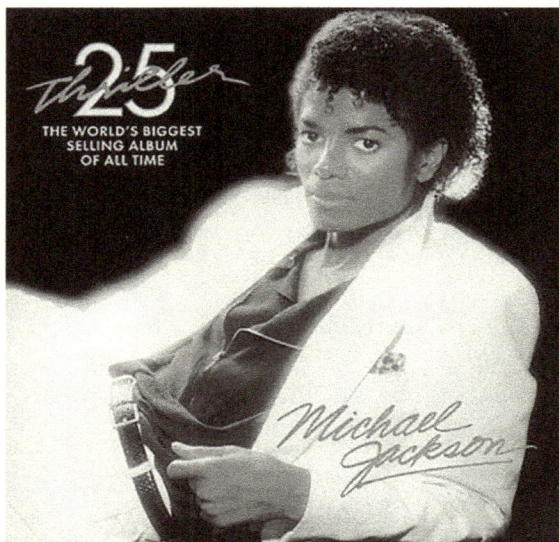

Edición de lujo del disco más vendido de la historia. Incluye seis remixes producidos por Fergie, Akon, Will.i.am y Kanye West, así como la balada «For all time». Jackson no se involucró mucho en la grabación de las nuevas versiones.

Se editó una edición especial en vinilo. Ocupó la segunda posición de la Billboard y la tercera en el Reino Unido.

1-**Wanna be startin' somethin'** /6:02

2-**Baby be mine** /4:20

3-**The girl is mine** /3:42

4-**Thriller** /5:57

5-**Beat i** /4:18

6-**Billie Jean** /4:54

7-**Human nature** /4:06

8-**P.Y.T. (Pretty young thing)** /3:59

9-The lady in my life /4:59

10-Vincent Price Excerpt from Thriller Voice-Over Session /0:24

11-The girl is mine 2008 /3:10
Nueva versión cantada a dúo con Will.i.am. Lanzada al mercado como sencillo el 14 de enero de 2008.

12-P.Y.T. (Pretty young thing) 2008 /4:21
Nueva versión cantada a dúo con Will.i.am.

13-Wanna be startin' somethin' 2008 /4:14
Nueva versión cantada a dúo con Akon. Lanzada al mercado como sencillo el 23 de enero de 2008.

14-Beat it 2008 /4:11
Nueva versión cantada a dúo con Fergie.

15-Billie Jean 2008 /4:36
Nueva versión cantada a dúo con Kanye West.

16-For all time /4:04
Compuesta por Michael Sherwood y Steve Porcaro. Inédita. Los músicos acompañantes fueron los del grupo Toto.

King of Pop
(Epic Records) 25/08/2008

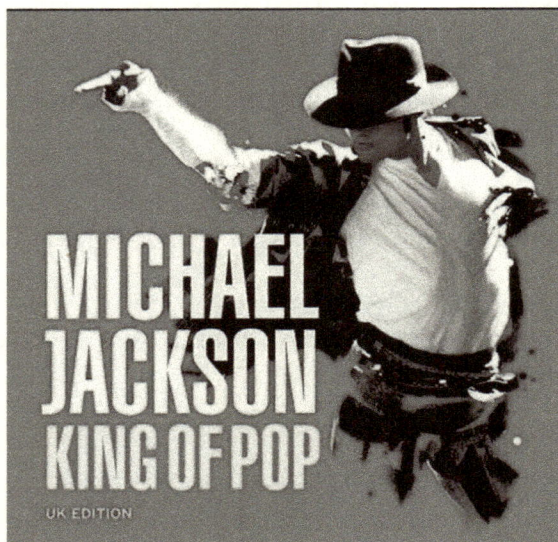

Compilación lanzada al mercado para conmemorar el 50 cumpleaños del artista. Tuvo diferentes versiones en los países en que fue comercializado. Los fanáticos de las naciones donde opera la productora Sony BMG tuvieron la oportunidad de votar por las canciones que deseaban se incluyeran en el álbum. Finalmente fue editado en 26 países.

1-Billie Jean /4:53

2-Bad /4:07

3-Smooth criminal /4:17

4-Thriller /5:12

5-Black or white /4:15

6-Beat it /4:16

7-Wanna be startin' somethin' /4:20

8-Don't stop 'til you get enough /3:59

9-The way you make me feel /4:58

10-Rock with you /3:23

11-You are not alone /4:56

12-Man in the mirror /5:18

13-Remember the time /3:59

14-Scream /4:39

15-You rock my world /5:07

16-They don't care about us /4:11

17-Earth song /5:01

Gold
(Motown Records)26/08/2008

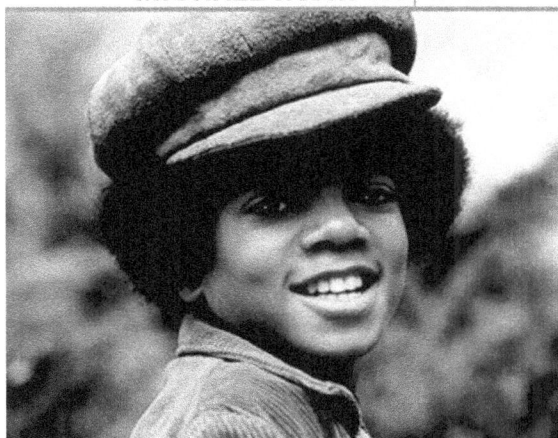

MICHAEL JACKSON GOLD

Álbum doble, lanzado al mercado para conmemorar el 50 cumpleaños del artista, que se centra en su trabajo a comienzos de los años 70. También se incluyeron sus éxitos con The Jackson 5.

Disco 1

1-**Got to be there** /3:23

2-**Maria** (You were the only one) /3:40

3-**Rockin' Robin** /2:33

4-**Ain't no sunshine** / 4:12

5-**I wanna be where you are** /3:00

6- **Girl don't take your love from me** /3:47

7-**Ben** /2:46

8-**People make the world go round** /3:15

9-**Shoo-Be-Doo-Be-Doo-Da-Day** /3:20

10-**We've got a good thing going** /3:02

11-**When I come of age** /2:39

12-**I want you back** /3:00
Con The Jackson 5.

13-**Who's lovin' you** /4:21
Con The Jackson 5.

14-**Darling dear** /2:39
Con The Jackson 5.

15-**Never can say goodbye** /3:02
Con The Jackson 5.

16-**Maybe tomorrow** /4:29
Con The Jackson 5.

Disco 2

1-**With a child's heart** /3:33

180

2-**Happy** (Love Theme from Lady Sings the Blues) /3:27

3-**Morning glow** /3:3

4-**Music and me** /2:37

5-**We're almost there** /3:45

6-**Just a little bit of you** /3:12

7-**Dear Michael** /2:40

8-**I'll come home to you** /3:04

9-**If 'N I was God** /3:04

10-**Who's looking for a lover** /2:50

11-**One day in your life** /4:13

12-**You're my best friend, my love** /3:24

13-**It's too late to change the time** /3:56

14-**Call on me** /3:38

15-**Melodie** /3:23

16-**Farewell my summer love** /3:41

Classic Jackson 5 (con The Jackson 5)
(Motown Records)15/12/2008

Disco de grandes éxitos de The Jackson 5 durante su época con la disquera Motown Records.

1-I want you back /3:01

2-Who's lovin' you /4:02

3-Reach in /3:31

4-Honey love /4:40

5-Got to be there /3:23

6-Pride and joy /2:45

7-The eternal light /3:16

8-Touch /3:01

9-Corner of the sky /3:40

10-The boogie man /2:58

11-Love scenes /2:41

12-Money honey /2:56

13-Coming home /3:03

14-Skywriter /3:10

15-Mama's Pearl /3:12

16-She's good /3:03

17-Maybe tomorrow /4:47

Can You Feel It! The Jacksons Collection (con The Jacksons)
(Epic Records)9/03/2009

Grandes éxitos de The Jacksons durante su época con la casa disquera Epic Records. Recorre su trabajo de 1976 a 1989.

1-Can you feel it /6:00

2-Blame It on the boogie /3:32

3-Shake your body (Down to the ground) /3:46

4-2300 Jackson Street /5:07

5-Enjoy yourself /3:41

6-State of shock /4:31

7-One more chance /5:07

8-Walk right now /6:26

9-Private affair /4:11

10-Nothin (That Compares 2 U) /5:24

11-Dreamer /3:06

12-Goin' places /4:29

13-Torture /4:55

14-Show you the way to go /5:28

The Collection
(Epic Records)7/07/2009

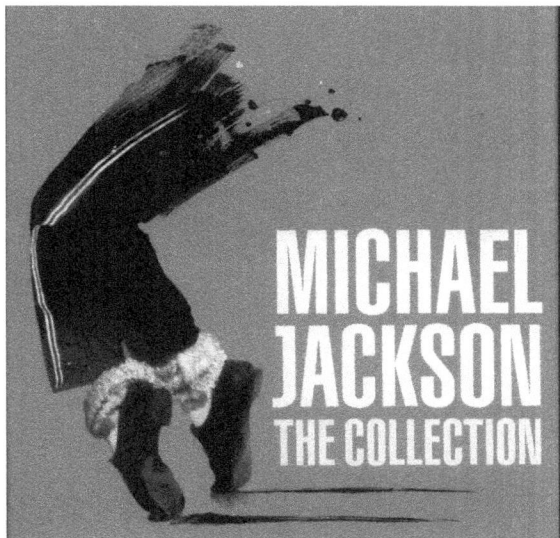

Copilacion, *box set* de lujo que salió cuatro días después de la muerte de Michael Jackson que incluye todos sus álbumes en solitario (exceptuando *HIStory*).

The Stripped Mixes
(Motown Records) 28/07/2009

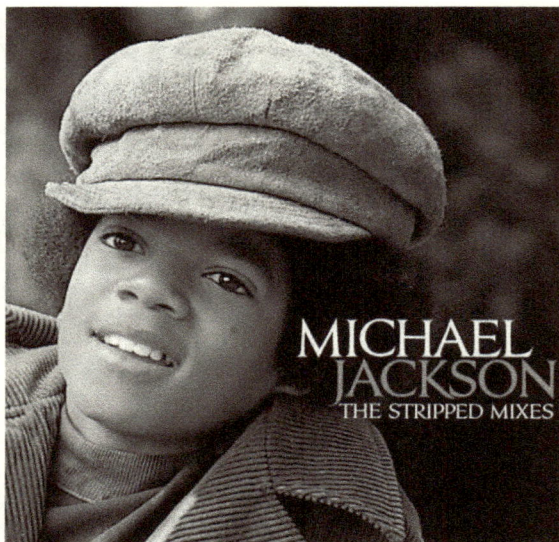

Disco lanzado al mercado tras la edición de 5 discos de la discografía del artista con el nombre de *The Collection.*

El objetivo de esta compilación de *remixes* es resaltar la calidad vocal de Michael en las nuevas remezclas. Estuvo disponible como descarga digital desde el 7 de julio de 2009 y es uno de los primeros discos en salir al mercado tras la muerte de Michael.

I'll Be There (Minus Mix) fue lanzado al mercado como sencillo el 9 de junio de 2009.

1-I'll be there /3:55

2-Ben /2:43

3-Who's loving you /4:25

4-Ain't no sunshine /4:08

5-I want you back /3:48

6-ABC /3:11

7-We've got a good thing going /3:15

8-With a child's heart /4:07

9-Darling dear /2:33

10-Got to be there /3:15

11-Never can say goodbye /3:11

The Definitive Collection
(Motown Records)25/08/2009

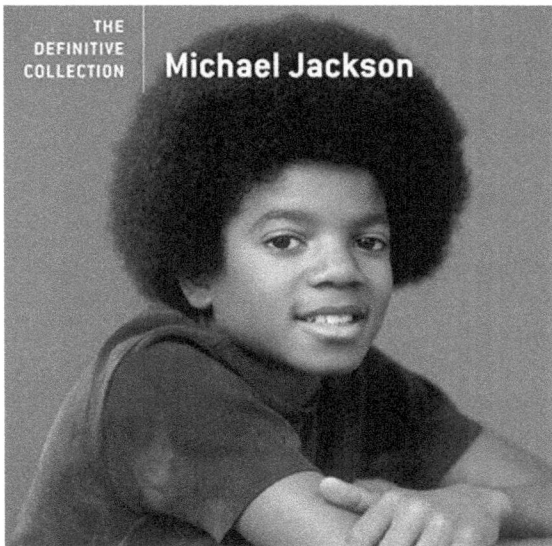

Compilación que contiene grandes éxitos del artista en solitario y con The Jackson 5 durante su época en Motown Records. Alcanzó un gran volumen de ventas debido al boom existente por el reciente fallecimiento de Michael.

1-I want you back /2:59

2-ABC /2:58

3-The love you save /3:04

4-I'll be there /3:57

5-Never can say goodbye /3:00

6-Maybe tomorrow /4:46

7-Got to be there /3:24

8-Rockin' Robin /2:32

9-I wanna be where you are /3:00

10-Ain't no sunshine /4:11

11-Ben /2:45

12-With a child's heart /3:33

13-One day in your life /4:14

14-We're almost there /3:45

15-Dancing machine /2:37

16- Just a little bit of you /3:13

17- Farewell my summer love /3:42

18- Who's lovin' you /4:01

19- I'll be there [Minus Mix] /3:54

Ultimate Christmas Collection (con The Jackson 5)
(Motown Records)13/10/2009

Reedición del disco *The Jackson 5 Christmas* Album lanzado al mercado en 1970, esta vez con 10 bonus tracks. Además incluye saludos de parte de Michael, Jermaine, Tito y Jackie, originalmente incluidos en el sencillo promocional Little Christmas Tree incluido en el disco A Motown Christmas de 1973, así como versiones a capella y remezclas de «Up on the house top», «Rudolph the Red-Nosed reindeer», «Someday at Christmas», «Give love on Christmas Day» y «J5 Christmas Medley».

1-Have yourself a merry little Christmas /5:18
Compuesta por Ralph Blane y Hugh Martin.

2-Santa Claus is comin' to town /2:24
Compuesta por J. Fred Coots y Haven Gillespie.

3-The Christmas song /2:52
Compuesta por Mel Tormé.

4-Up on the house top /3:11
Compuesta por Benjamin Hanby

5-Frosty the snowman /2:39
Compuesta por Steve Nelson y Jack Rollins.

189

6-The little drummer boy /3:16
Compuesta por Katherine Davis, Henry Onorati y Harry Simeone.

7-Rudolph the Red-Nosed reindeer /2:32
Compuesta por Johnny Marks.

8-Christmas won't be the same this year /2:30
 Compuesta por Gloria Jones y Pam Sawyer.

9-Give love on Christmas day /3:02
Compuesta por Berry Gordy, Jr., Fonce Mizell, Freddie Perren y Deke Richards.
10-Someday at Christmas /2:45
Compuesta por Ron Miller y Bryan Wells.

11-I saw Mommy kissing Santa Claus /3:02
Compuesta por Tommie Connors.

12-Season's greetings from Michael Jackson /0:09
Saludos de Michael Jackson.

13-Little Christmas tree /3:37
Compuesta por Art Wayne y Artie Wayne.

14-Season's greetings from Tito Jackson /0:06
Saludos de Tito Jackson.

15-Up on the house top /4:59
Versión extendida.

16-Season's Greetings from Jackie Jackson /0:07
Saludos de Jackie Jackson.

17-Rudolph the Red-Nosed reindeer /3:04
Remezcla.

18-Season's Greetings from Jermaine Jackson /0:07
Saludos de Jermaine Jackson.

19-Someday at Christmas /2:44
Compuesta por Ron Miller y Bryan Wells.

20-Give love on Christmas day /3:34
Compuesta por Berry Gordy, Jr., Fonce Mizell, Freddie Perren y Deke Richards. Versión a capella.

21-J5 Christmas Medley /3:59

The Remix Suite
(Motown Records) 20/10/2009

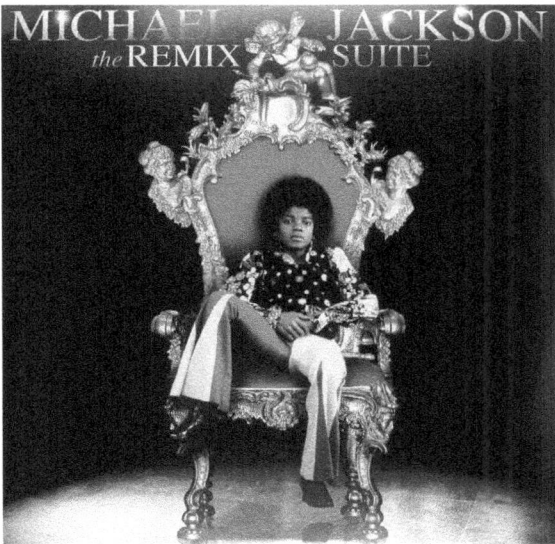

Compilación de *remixes* de los éxitos de Michael con la disquera Motown Records. Participaron los principales productores de música disco de la época, tales como Stargate, Pharrell Williams, The Neptunes, Polow, Akon, Dallas Austin, Sturken & Rogers, Benny Blanco, Paul Oakenfold, Frankie Knuckles, David Morales y Mark Hoppus.

Pharrell Williams, quien remezcló «Never can say goodbye», expresó sobre el grabar este disco: «Nos encantó la idea de involucrarnos en este proyecto porque Michael es una leyenda que influyó en nuestras carreras y redefinió el mundo de la música».

Salaam Remi realizó una versión *reggae* de «ABC», imaginando que Jackson tocó con una banda jamaicana a inicios de los 70.

1-Skywriter [Stargate Remix] /4:04

2-Never can say goodbye [The Neptunes Remix] /3:17
Producido por Pharrel Williams.

3-I wanna be where you are [Dallas Austin Remix] /4:12

4-Dancing machine [Polow Remix] /3:15

5-ABC [Salaam Remi Remix] /3:30
Versión reggae.

6-Forever came today [Frankie Knuckles Late Night Antics Remix] /7:39

7-Dancing machine [Steve Aoki Remix] 4:40

8-Hum Along and Dance [David Morales Giamsta Mix] /5:49

9-Aint no sunshine [Benny Blanco Remix] /3:09

10-Maria (You were the only one) [Emile Haynie Remix] /3:52

11-Maybe tomorrow [Sturken & Rogers Remix] /3:11

12-Ben [Akon Remix] /3:28

Michael Jackson's This Is It
(Epic Records)27/10/2009

Banda sonora del filme del mismo nombre. Compendio de sus grandes éxitos y el tema nuevo homónimo. Debutó en la cima de las listas en 14 países incluidos los Estados Unidos.

Michael se agenció una nominación a los premios Grammy en la categoría de Mejor Interpretación Pop Vocal por el tema «This Is It» en 2010. Fue co escrito por Paul Anka.

Disco 1

1-Wanna be startin' somethin' /6:02

2-Jam /5:38

3-They don't care about us /4:44

4-Human nature /4:05

5-Smooth criminal /4:17

6-The way you make me feel /4:58

7-Shake your body (Down to the ground) /3:53

Interpretada con The Jacksons.

8-I just can't stop loving you /4:12
Interpretada con Siedah Garrett.

9-Thriller /5:57

10-Beat it /4:17

11-Black or white /4:16

12-Earth song /6:46

13-Billie Jean /4:54

14-Man in the mirror /5:20

15-This is it /3:37
Compuesto por Michael Jackson y Paul Anka. Fue lanzado al mercado como sencillo el 12 de octubre de 2009.

16-This is it /4:55
Versión orquestal.

Disco 2

1-She's out of my life /3:19
Versión demo.

2-Wanna be startin' somethin' /5:43
Versión demo.

3-Beat it /2:03
Versión demo.

4-Planet Earth /3:14
Poema de la autoría de Michael Jackson.

I Want You Back! Unreleased Masters (con The Jackson 5)

(Motown Records)10/11/2009

Compilación editada para celebrar el 40 aniversario de la entrada de la banda a la disquera Motown Records. Lo más interesante es que contiene 5 temas inéditos, «Buttercup», «That's how love is», «Love comes in different flavors», «Listen I'll tell you how» y «Love call». El álbum tuvo un diseño muy similar a los utilizados en los años 70.

1-Medley: I want you back/ABC/The love you save /3:06
Versión alternativa tomada del programa televisivo *Flip Wilson Show* realizado en octubre de 1971.

2-That's how love is /2:39
Compuesta por The Corporation. Lanzado al mercado como sencillo el 6 de octubre de 2009.

3-Listen I'll tell you how /3:01
Compuesta por Bobby Taylor y N. Moloci.

4-Man's temptation /5:39 **Compuesta por Curtis Mayfield.**

5-Never can say goodbye /2:58
Versión alternativa tomada del programa televisivo *Flip Wilson Show* realizado en octubre de 1971.

6-Love comes in different flavors /3:16
Compuesta por The Corporation.

7-ABC /3:24

8-Love call /2:26
Compuesta por Willie Hutch, Richard Hutch y Graves Kennedy.

9-Buttercup /3:53
Compuesta por Stevie Wonder.

10-Lucky day /2:43

11-I'll try you'll try (Maybe we'll all get by) /4:58

12-Dancing machine /4:25
Versión alternativa realizada durante la grabación del disco *Get it together*.

J Is for Jackson 5 (con The Jackson 5)
(Motown Records)30/03/2010

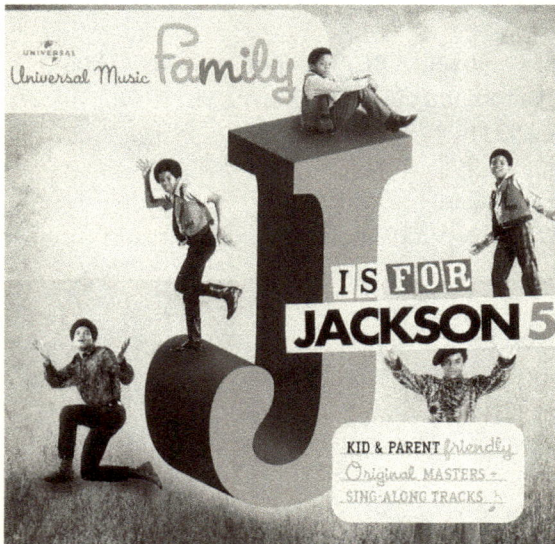

Compilación ubicada por Motown Records en su colección Universal Music

Family orientada a ser consumida por los niños junto a sus padres. Se incluyeron cuatro temas en versión Karaoke.

1-ABC /2:57

2-I want you back /2:58

3-Zip a dee doo dah /3:13

4-The love you save /3:03

5-2-4-6-8 /2:56

6-I'll be there /3:56

7-Little bitty pretty one /2:50

8-E-Ne-Me-Ne-Mi-Ne-Moe (the choice is yours to pull) /2:50

9-Dancing machine /2:37

10-My little baby 3:07

11-Corner of the sky /3:30

12-Mama's Pearl /3:10

13-I want you back /2:51
Versión para Karaoke.

14-The love you save /3:04
Versión para Karaoke.

15- I'll be there /3:57
Versión para Karaoke.

16-Mama's Pearl /3:10
Versión para Karaoke.

Michael
(Epic Records) 14/12/2010

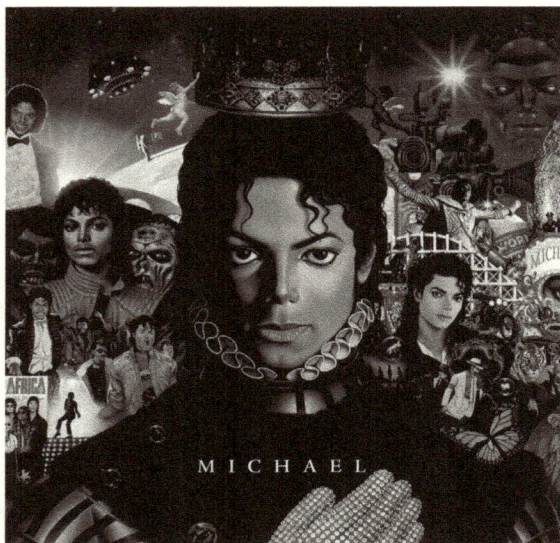

Álbum póstumo de material inédito. Michael compuso ocho de los diez temas incluidos. Contó con la colaboración de Lenny Kravitz. La autenticidad de las canciones fue cuestionada por los fanáticos. Se especuló que la voz utilizada no fue la de Michael. Sony Music defendió su legitimidad, además Dave Grohl negó su participación en la grabación del *track* «(I can't make it) Another day».

El *video clip* del tema «Hold My Hand» fue dirigido por Mark Pellington y su premier mundial ocurrió el 9 de diciembre de 2010, así como el de «Hollywood Tonight» fue dirigido por Wayne Isham y su premier fue llevada a cabo el 10 de marzo de 2011.

La pintura de la portada del disco es de la autoría de Kadir Nelson. El álbum debutó en la tercera posición de la *Billboard* y obtuvo la categoría platino por el volumen de sus ventas en 19 países.

1-Hold my hand /3:33
Compuesta por Claude Kelly, Alioune Thiam y Giorgio Tuinfort. Cantada a dúo junto a Akon. Grabada en 2007. Lanzada al mercado como sencillo el 15 de noviembre de 2010.

2-Hollywood tonight /4:31
Compuesta por Brad Buxer, Michael Jackson y Teddy Riley. Puente hablado interpretado por Taryll Jackson. Grabada en 1999. Lanzada al mercado

como sencillo el 11 de febrero de 2011.

3-Keep your head up /4:51
Compuesta por Eddie Cascio, Michael Jackson y James Porte. Grabada en 2007.

4-(I Like) The way you love me /4:34
Compuesta por Michael Jackson. Grabada en 1998. Lanzada al mercado el 8 de julio de 2011. Apareció anteriormente en *The Ultimate Collection* (2004) con el título «The way you love me». Esta versión contiene un nuevo arreglo con más partes cantadas por Michael.

5-Monster /5:05
Compuesta por Eddie Cascio, Curtis Jackson, Michael Jackson y James Porte. Cantada a dúo con 50 Cent. Grabada en 2007.

6-Best of Joy /3:03
Compuesta por Michael Jackson. Grabada en octubre 2008.

7-Breaking news /4:14
Compuesta por Eddie Cascio, Michael Jackson y James Porte. Grabada en 2007.

8-(I can't make it) Another day /3:55
Compuesta por Lenny Kravitz. Cantada a dúo con Lenny Kravitz. Grabada en 1999.

9-Behind the mask /5:02
Compuesta por Michael Jackson, Chris Mosdell y Ryuichi Sakamoto. Grabada en 1981. Lanzada al mercado como sencillo el 11 de febrero de 2011.

10-Much too soon /2:48
Compuesta por Michael Jackson. Grabada en 1994.

Immortal
(Epic Records)22/11/2011

Álbum de *remixes* que sirvió de banda sonora para el espectáculo titulado *Michael Jackson: The Immortal World Tour* realizado por el Cirque du Soleil en Las Vegas. Además se lanzó al mercado una versión de lujo con dos CD y 27 canciones. Kevin Antunes fungió como productor del trabajo discográfico.

1-Workin' day and night /3:36

2-The immortal intro /3:07

3-Childhood /4:35

4-Wanna be startin' somethin' /3:07

5-Dancing machine/Blame It on the boogie /4:49

6-This Place Hotel /2:08

7-Smooth criminal /1:59

8-Dangerous /2:41

9-The Jackson 5 Medley: I want you back/ABC/The love you save /3:45

10-Speechless/Human nature /3:18

11-Is it scary/Threatened /5:05

12-Thriller /3:32

13-You are not alone/I just can't stop loving you /6:07

14-Beat it/State of shock /3:09
Interpretada por The Jacksons y Mick Jagger.

15-Jam /2:37

16-Planet Earth/Earth song /4:04

17-They don't care about us /3:36

18-I'll be there /1:53

19-Immortal Megamix: Can you feel It/Don't stop 'Til you get enough/Billie Jean/Black or white /9:08
Fue lanzada al Mercado como sencillo el 1ro de noviembre de 2011.

20-Man in the mirror /4:17

Icon
(Motown Records) 6/03/2012

Compilación que recoge once temas de su época en solitario con la casa discquera Motown Records.

1-Got to be there /3:24

2-I wanna be where you are /2:56

3-Rockin' Robin /2:34

4-People make the world go 'round /3:15

5-With a child's heart /3:34

6-Happy /3:28
Tema de la película Lady Sings the Blues.

7-Ben /2:47

8-We're almost there /3:46

9-Just a little bit of you /3:13

10-One day in your life /4:17

11-Music and me /2:38

Come and Get It: The Rare Pearls (con The Jackson 5)
(Motown Records)18/09/2012

Compilación de dos discos, muy completa, con el trabajo de la agrupación durante su tiempo en la casa disquera Motown Records. Contiene veintinueve *tracks* más 3 bonus. Fue puesta a disposición del público en formato digital el 28 de agosto y de forma física el 18 de septiembre.

«If the shoe don't fit» se acerca al sonido de los comienzos de la banda. «Come and get It (Love's on the Fire)» e «If you want heaven» son poderosas con su estilo *pop-soul*. También destacan sus covers «Up on the roof», «Feelin' alright» y «Mama told me not to come».

«Jumbo Sam» e «If I can't nobody can» materializan la madurez del grupo al transitar del *pop* adolescente hacia la música disco y el funk.

Disco 1

1-(We're The) Music makers /1:00

2-If the shoe don't fit /3:18

3-Come and get it (Love's on the fire) /3:12

4-I got a sure thing /3:21

5-After you leave girl /2:37

6-Mama told me not to come /3:04
Compuesta por Randy Newman.

7-Iddinit /3:47
Compuesta por Berry Gordy, Jr., Alphonso Mizell, Freddie Perren y Deke Richards.

8-Since I lost my baby /2:52

9-Keep an eye /3:08

10-Movin' /3:23
Compuesta por Jackie DeShannon, Jimmy Holiday y Randy Myers.

11-Feelin' alright /3:13
Compuesta por Dave Mason. Popularizada por el grupo Traffic.

12-You better watch out /3:06

13-I'm your sunny one (He's my sunny boy) /2:49

14-Someone's standing in my love light /2:52

Disco 2

1-If you want heaven /3:07

2-You can't hurry love /2:50
Compuesta por Lamont Dozier, Brian Holland y Eddie Holland. Popularizada por The Supremes.

3-Keep off the grass /3:08

4-Going my way /3:57

5-Makin' life a little easier for you /3:18

6-Up on the roof /3:07

7-If I can't nobody can /2:45

8-Our love /3:25

9-I can't get enough of you /2:48

10-Cupid /2:54

11-Let's go back to day one /3:02

12-Would ya would ya baby /3:57

13-Love trip /3:07

14-Label me love /3:31

15-Jumbo Sam /3:08

16-That's how love is /3:25
Versión más extensa que la original.

17-If I have to move a mountain /4:47

18-Mama's Pearl Demo /4:10
Conocida como Guess who's making whoopee.

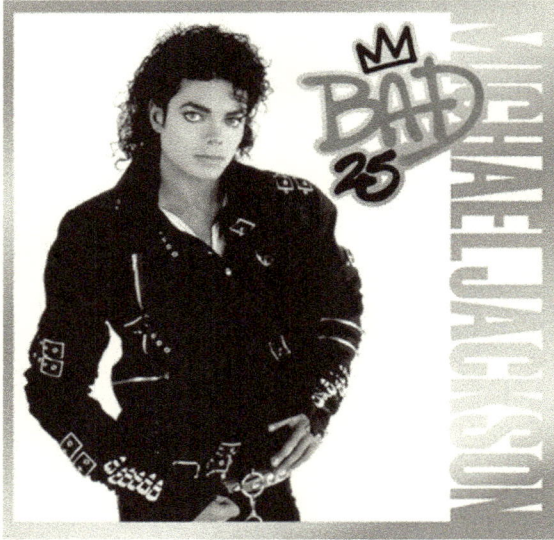

Obra maestra reeditada para conmemorar el 25 aniversario de su salida al mercado. Su edición de lujo contiene tres CD, dos *booklet*s coleccionables y la primera edición autorizada de un DVD que recoge el legendario concierto realizado en el estadio de Wembley, Londres, el 16 de julio de 1988. Ese concierto también se vendió como un disco de audio aparte.

Incluye versiones demo de algunas canciones no incluidas en el disco original. Se destaca el estilo electro *soul* del tema «Speed demon». Se lanzó al mercado una versión del álbum en disco de vinilo.

Spike Lee realizó un documental sobre el disco que fue estrenado en el 69 Festival de Venecia celebrado del 29 de agosto al 8 de septiembre de 2012. Su premiere televisiva ocurrió en *ABC* el 22 de noviembre de 2012.

Disco 1

1-**Bad** /4:07

2-**The way you make me feel** /4:58

3-**Speed demon** /4:01

4-**Liberian girl** /3:53

5-Just good friends /4:08
Compuesta por Terry Britten y Graham Lyle. Cantada a dúo junto a Stevie Wonder.

6-Another part of me /3:54
ʹ

7-Man in the mirror /5:19

8-I just can't stop loving you /4:11
Cantada a dúo junto a Siedah Garrett. Lanzada al mercado como sencillo el 1 de junio de 2012 con «Don't be messin' 'round» en CD y «Baby be mine» en vinilo como caras B.

9-Dirty Diana /4:41

10-Smooth criminal /4:11

11-Leave me alone /4:40

Disco 2

1-Don't be messin' 'round /4:18
Compuesta por Michael Jackson. Lanzada al mercado como sencillo el 5 de junio de 2012.

2-I'm so blue /4:06
Compuesta por Michael Jackson. Grabada en 1987 durante las sesiones de Bad. Lanzada al mercado el 1 de octubre de 2012.

3-Song groove /4:25
Compuesta por Michael Jackson. También conocida como Abortion Papers. Grabada en 1987 durante las sesiones de *Bad*.

4-Free /4:24
Compuesta por Michael Jackson. Grabada en 1987 durante las sesiones de *Bad*.

5-Price of fame /4:32
Compuesta por Michael Jackson. Grabada entre 1986 y 1987 durante las sesiones de *Bad*.

6-Al Capone /3:33

Compuesta por Michael Jackson. Grabada entre 1986 y 1987 durante las sesiones de *Bad*.

7-Streetwalker /5:52
Compuesta por Michael Jackson.

8-Fly away /3:26
Compuesta por Michael Jackson.

9-Todo mi amor eres tu /4:04
Compuesta por Michael Jackson y Rubén Blades. Versión en español cantada junto a Siedah Garrett.

10-Je ne veux pas la fin de nous /4:07
Compuesta por Michael Jackson y Jackson Christine *Coco* Decroix. Versión en francés cantada junto a Siedah Garrett.

11-Bad /4:26
Remix por Afrojack featuring Pitbull y DJ Buddha Edit. Lanzada al mercado como sencillo el 14 de agosto de 2012.

12-Speed demon /4:08
Remix por Nero.

13-Bad /7:31
Remix por Afrojack

Live at Wembley July 16, 1988
(Epic Records)18/09/2012

El video del concierto para el DVD se obtuvo de una copia en VHS que per-
teneció al propio Michael Jackson.

1-Wanna be startin' somethin' / 6:32

2-This Place Hotel / 4:43

3-Another part of me / 4:24

4-I just can't stop loving you / 4:55
Cantada a dúo con Sheryl Crow.

5-She's out of my life / 3:53

6-I want you back/The love you save/I'll be there / 7:17

7-Rock with you / 4:23

8-Human nature / 5:12

9-Smooth criminal / 6:24

10-Dirty Diana / 6:24

11-Thriller / 5:29

12-Bad Groove / 13:55
Compuesta por Greg Phillinganes, Eric Clapton, Jim Gordon, Phil Collins, Maurice Gibb, Barry Gibb, Robin Gibb y Michael Jackson. Jam de la banda acompañante.

13-Workin' day and night / 7:59

14-Beat it / 6:45

15-Billie Jean / 8:36

16-Bad / 10:06

17-Man in the mirror / 9:24

18-The way you make me feel / 5:22
Interpretada en el estadio de Wembley, Londres, el 15 de Julio de 1988

19-I just can't stop loving you / Bad / 11:23
I just can't stop loving you cantada a dúo con Sheryl Crow. Interpretada en el estadio Yokohama, Yokohama el 26 de septiembre de 1987.

Xscape
(Epic Records)12/05/2014

Este disco demuestra que la comercialización del trabajo de Michael fue tan prolífica en vida como tras su fallecimiento. El álbum incluye ocho grabaciones inéditas que no son *remixes.* También se editó una versión en vinilo.

L.A. Reid, Presidente y CEO de Epic Records, fue el productor principal. También Timbaland y Jerome Harmon participaron en labores de producción. «Loving you» fue grabada en 1987.

El título rinde homenaje a la manera en que Michael nombraba sus discos. Siempre elegía una canción del álbum para dar nombre a sus proyectos y, comenzando con *Thriller*, siempre utilizaba títulos de una sola palabra que poseían un aire inquietante. Lo mismo ocurre con este proyecto.

Reid seleccionó la lista final de grabaciones que luego se entregaría a los productores, quienes se encargaron de actualizar la producción para añadir un sonido nuevo y contemporáneo que, a la vez, retiene la esencia e integridad de Jackson. Es un proceso que Reid llama «contemporizar».

«La música y el arte moderno serían completamente diferentes sin las revolucionarias aportaciones que Michael Jackson regaló al mundo», comentó L.A. Reid. «Michael dejó algunas interpretaciones musicales que nos enorgullece presentar al mundo, a través de la visión de productores musicales con quienes él trabajó directamente o con quienes deseó trabajar. Para nosotros es un orgullo y un gran honor presentar este material al mundo».

John Branca y John McClain, co-albaceas de los herederos de Michael Jackson expresaron: «Michael siempre estaba a la vanguardia y constantemente buscaba nuevos productores, con nuevos sonidos. Siempre estaba al corriente de las últimas tendencias. Estas canciones capturan ese espíritu de muchas maneras».

«Michael fue durante mucho tiempo un apreciado miembro de la gran familia Sony," dice Kazuo Hirai, Presidente y CEO de Sony Corporation. "Desde el lanzamiento de Off The Wall en 1979, Sony Music Entertainment ha publicado todas las grabaciones de Michael. Estamos encantados y muy orgullosos de colaborar como One Sony para celebrar el último legado de Michael, y proporcionar a sus fans una experiencia única a través de las iniciativas que llevaremos a cabo con nuestros productos y servicios».

El disco ocupó la cima de las listas en el Reino Unido y la segunda posición de la *Billboard*. El nombre real del productor y compositor Dr. Freeze es Elliot Straite.

1-Love never felt so good / 3:54
Compuesta por Paul Anka y Michael Jackson. Fue grabada originalmente en 1983 como un demo con Anka al piano. También fue cantada por Johnny Mathis. Una versión interpretada a dúo con Justin Timberlake fue agregada en la versión Deluxe y lanzada al mercado como sencillo el 2 de mayo de 2014.

2-Chicago / 4:05
Compuesta por Cory Rooney. Fue grabada en 1999 y nombrada primeramente «She was lovin' me».

3-Loving you / 3:15
Compuesta por Michael Jackson. Fue grabada en 1985.

4-A place with no name / 5:35
Compuesta por Dewey Bunnell, Dr. Freeze y Michael Jackson. Lanzada al mercado como sencillo el 12 de agosto de 2014. Fue compuesta y grabada en 1998.

5-Slave to the rhythm / 4:15
Compuesta por Babyface, L.A. Reid, Kevin Roberson y Daryl Simmons. Fue grabada en 1990.

6-Do you know where your children are / 4:36
Compuesta por Michael Jackson. Fue grabada en 1987.

7-Blue Gangsta /4:14
Compuesta por Dr. Freeze y Michael Jackson. Fue escrita y grabada en 1998.

8-Xscape /4:05

Compuesta por LaShawn Daniels, Fred Uncle Freddie Jerkins III, Michael Jackson y Rodney Jerkins. Fue grabada en 1999.

Japan Broadcast 1987
(Goldfish Records) 6/05/2016

Disco que recoge la presentación de Michael en el estadio Yokohama, en Japón el 27 de septiembre de 1987 como parte de su gira *Bad*. Incluye sus éxitos en solitario y varios *medley* de su época con The Jackson 5.

Disco 1

1-**Wanna be startin' somethin'** /5:45

2-**Human nature** /4:27

3-**This Place Hotel** /5:20

4-**I want you back/The love you save/Can you feel it?** /2:54

5-**She's out of my life** /4:19

6-**Things I do for you** /3:21

7-Off the wall /3:39

8-Rock with you /4:01

9-Lovely one /5:59

10-Working day and night /7:14

Disco 2

1-Beat it /6:25

2- Billie Jean /6:09

3-Shake your body/Don't stop 'til you get enough tease / 12:33

4-Thriller / 4:15

5-I just can't stop loving you / 6:35

6-Bad / 6:36

7-Michael Jackson 1988 Interview, Pt. 1 / 7:51
Entrevista.

8-Michael Jackson 1988 Interview, Pt. 2 / 5:20
Entrevista.

Anexos

Álbumes / Michael Jackson (solitario)/ Ubicación Billboard
según www.allmusic.com

Año	Álbum	Lista	Pico
2015	Bad	The Billboard 200	1
2015	Bad	Top Pop Catalog	1
2015	Number ones	The Billboard 200	13
2015	Number ones	Top Pop Catalog	1
2015	The Essential Michael Jackson	The Billboard 200	53
2015	The Essential Michael Jackson	Top Pop Catalog	1
2015	Thriller	The Billboard 200	1
2015	Thriller	Top Pop Catalog	1
2015	Thriller: 25th Anniversary Edition	Billboard Canadian Albums	38
2015	Xscape	R&B Albums	1
2014	Number ones	The Billboard 200	13
2014	Number ones	Top Digital Albums	3
2014	Number ones	Top Pop Catalog	1
2014	The Essential Michael Jackson	The Billboard 200	53
2014	The Essential Michael Jackson	Top Pop Catalog	1
2014	Thriller	The Billboard 200	1
2014	Thriller	Top Pop Catalog	1
2014	Xscape	R&B Albums	1
2014	Xscape	The Billboard 200	2
2014	Xscape	Top Canadian Albums	3
2014	Xscape	Top Digital Albums	2
2013	Bad: 25	R&B Albums	7
2013	Bad: 25	The Billboard 200	1
2013	Bad: 25	Top Pop Catalog	1
2013	Immortal	R&B Albums	5
2013	Number ones	The Billboard 200	13
2013	Number ones	Top Pop Catalog	1
2013	The Essential Michael Jackson	The Billboard 200	53
2013	The Essential Michael Jackson	Top Pop Catalog	1
2013	Thriller	The Billboard 200	1
2013	Thriller	Top Pop Catalog	1
2012	Bad: 25	R&B Albums	7
2012	Bad: 25	The Billboard 200	1
2012	Bad: 25	Top Pop Catalog	1
2012	Immortal	R&B Albums	5

Año	Álbum	Lista	Pico
2012	Immortal	The Billboard 200	24
2012	Number ones	The Billboard 200	13
2012	Number ones	Top Digital Albums	3
2012	Number ones	Top Pop Catalog	1
2012	The Essential Michael Jackson	The Billboard 200	53
2012	The Essential Michael Jackson	Top Pop Catalog	1
2012	Thriller	The Billboard 200	1
2012	Thriller	Top Pop Catalog	1
2011	Immortal	R&B Albums	5
2011	Immortal	The Billboard 200	24
2011	Michael	R&B Albums	1
2011	Michael	The Billboard 200	3
2011	Michael	Top Canadian Albums	2
2010	The Stripped Mixes	R&B Albums	21
2009	7 CD Album Mega Bundle	Top Pop Catalog	9
2009	Bad	Top Pop Catalog	4
2009	Dangerous	Top Pop Catalog	5
2009	Gold	R&B Albums	70
2009	Gold	The Billboard 200	191
2009	Greatest Hits: History - Volume 1	Top Pop Catalog	8
2009	Invincible	Top Pop Catalog	9
2009	Michael Jackson's this it	Top Soundtracks	1
2009	Michael Jackson's this it	R&B Albums	1
2009	Michael Jackson's this it	The Billboard 200	1
2009	Michael Jackson's this it	Top Canadian Albums	1
2009	Michael Jackson's this it	Top Digital Albums	3
2009	Number ones	Top Pop Catalog	1
2009	Off the wall	Top Pop Catalog	4
2009	The Definitive Collection	R&B Albums	17
2009	The Definitive Collection	The Billboard 200	39
2009	The Essential Michael Jackson	Top Pop Catalog	1
2009	The Remix Suite	R&B Albums	43
2009	The Stripped Mixes	The Billboard 200	95
2009	The Ultimate Collection	Top Pop Catalog	4
2009	Thriller		1
2005	The Essential Michael Jackson	R&B Albums	50

Año	Álbum	Lista	Pico
2005	The Essential Michael Jackson	The Billboard 200	53
2004	Number ones	R&B Albums	6
2004	Number ones	The Billboard 200	13
2004	The Ultimate Collection	R&B Albums	48
2004	The Ultimate Collection	The Billboard 200	154
2001	Greatest Hits: History - Volume 1	R&B Albums	45
2001	Greatest Hits: History - Volume 1	The Billboard 200	85
2001	Invincible	R&B Albums	1
2001	Invincible	The Billboard 200	1
2001	Invincible	Top Canadian Albums	3
1997	Blood on the dance floor	Top Canadian Albums	16
1997	Blood on the dance floor	R&B Albums	12
1997	Blood on the dance floor	The Billboard 200	24
1995	History: Past, Present And Future Book 1 R&B Albums	R&B Albums	1
1995	History: Past, Present And Future Book 1 R&B Albums	The Billboard 200	1
1991	Dangerous	R&B Albums	1
1991	Dangerous	The Billboard 200	1
1987	Bad	R&B Albums	1
1987	Bad	The Billboard 200	1
1984	14 Greatest Hits	The Billboard 200	168
1984	Farewell my summer love	The Billboard 200	46
1983	Thriller	R&B Albums	1
1983	Thriller	The Billboard 200	1
1981	One day in your life	R&B Albums	41
1981	One day in your life	The Billboard 200	144
1980	Off the wall	The Billboard 200	3
1979	Off the wall	R&B Albums	1
1975	Forever, Michael	R&B Albums	10
1975	Forever, Michael	The Billboard 200	101
1975	The best of Michael Jackson	R&B Albums	44
1975	The best of Michael Jackson	The Billboard 200	156
1973	Music & Me	R&B Albums	24
1973	Music & Me	The Billboard 200	92
1972	Ben	R&B Albums	4
1972	Ben	The Billboard 200	5
1972	Got to be there	R&B Albums	3
1972	Got to be there	The Billboard 200	14

Sencillos / Michael Jackson / Ubicación en Billboard
(www.allmusic.com)

Año	Sencillo	Lista	Pico
2014	Billie Jean	Hot R&B/Hip-Hop Songs	6
2014	Billie Jean	The Billboard Hot 100	1
2014	Chicago	Hot R&B/Hip-Hop Songs	50
2014	Love never felt so good	Adult Contemporary	7
2014	Love never felt so good	Canadian Hot 100	20
2014	Love never felt so good	Dance Club Songs	18
2014	Love never felt so good	France Digital Songs	2
2014	Love never felt so good	Hot 100 Airplay	36
2014	Love never felt so good	Hot Digital Songs	6
2014	Love never felt so good	Hot R&B/Hip-Hop Songs	5
2014	Love never felt so good	Hot RingMasters	16
2014	Love never felt so good	Japan Hot 100 Singles	12
2014	Love never felt so good	Japan Hot Singles	36
2014	Love never felt so good	Mainstream Top 40	29
2014	Love never felt so good	The Billboard Hot 100	9
2014	Slave to the rhythm	Canadian Hot 100	91
2014	Slave To The Rhythm	Hot R&B/Hip-Hop Songs	12
2014	Slave to the rhythm	The Billboard Hot 100	45
2014	Thriller	Hot Digital Songs	2
2014	Thriller	Hot R&B/Hip-Hop Songs	3
2014	Thriller	Japan Hot 100 Singles	71
2014	Thriller	The Billboard Hot 100	4
2013	Thriller	Hot Digital Songs	2
2013	Thriller	Hot R&B/Hip-Hop Songs	3
2013	Thriller	Hot RingMasters	1
2013	Thriller	Japan Hot 100 Singles	92
2013	Thriller	The Billboard Hot 100	4
2012	Beat it	Japan Hot 100 Singles	96
2012	I Just Can't Stop Loving You	Japan Hot 100 Singles	94
2012	Thriller	Hot Digital Songs	2
2011	Thriller	Hot RingMasters	1
2011	Thriller	Japan Hot 100 Singles	93

Año	Sencillo	Lista	Pico
2011	Hold my hand	The Billboard Hot 100	38
2011	Hold my hand	Smooth Jazz Song	16
2011	Hollywood tonight	Hot dance club play	1
2011	Hollywood tonight	Hot R&B/Hip-Hop Songs	60
2011	Immortal Megamix	Japan Hot Singles	34
2010	Earth song	Hot Digital Songs	71
2010	Hold my hand	AOL Radio	13
2010	Hold my hand	Canadian Hot 100	16
2010	Hold my hand	Hot 100 Airplay	73
2010	Hold my hand	Hot Digital Songs	24
2010	Hold my hand	Hot R&B/Hip-Hop Songs	33
2010	Hold my hand	Hot RingMasters	35
2010	Hold my hand	The Billboard Hot 100	39
2009	Bad	Hot Canadian digital singles	30
2009	Bad	Hot Digital Songs	23
2009	Beat it	Hot Canadian digital singles	11
2009	Beat it	Hot Digital Songs	7
2009	Beat it	iLike Libraries: Most Added	2
2009	Ben	Hot Digital Songs	75
2009	Billie Jean	Hot Canadian digital singles	6
2009	Billie Jean	Hot Digital Songs	4
2009	Black or white	Hot Canadian digital singles	8
2009	Black or white	Hot Digital Songs	13
2009	Dirty Diana	Hot Canadian digital singles	60
2009	Dirty Diana	Hot Digital Songs	32
2009	Don't stop 'til you get enough	Hot Canadian digital singles	19
2009	Don't stop 'til you get enough	Hot Digital Songs	9
2009	Gone to soon	Hot Digital Songs	67
2009	Heal the world	Hot Canadian digital singles	28
2009	Heal the world	Hot Digital Songs	39
2009	Human nature	Hot Canadian digital singles	27
2009	Human nature	Hot Digital Songs	21
2009	Man in the mirror	Hot Canadian digital singles	7
2009	Man in the mirror	Hot Digital Songs	2

Año	Sencillo	Lista	Pico
2009	Off the wall	Hot Digital Songs	51
2009	(P.Y.T. (Pretty Young Thing)	Hot Canadian digital singles	48
2009	(P.Y.T. (Pretty Young Thing)	Hot Digital Songs	14
2009	Remember the time	Hot Digital Songs	35
2009	Rock with you	Hot Canadian digital singles	33
2009	Rock with you	Hot Digital Songs	17
2009	Scream	Hot Digital Songs	70
2009	Smile	Hot Canadian digital singles	53
2009	Smile	Hot Digital Songs	56
2009	Smooth criminal	Hot Canadian digital singles	22
2009	Smooth criminal	Hot Digital Songs	12
2009	They don't care about us	Hot Canadian digital singles	49
2009	They don't care about us	Hot Digital Songs	64
2009	This Is It	Canadian Hot 100	56
2009	This Is It	Hot Adult Contemporary Tracks	18
2009	This Is It	Hot R&B/Hip-Hop Songs	18
2009	This Is It	Hot R&B/Hip-Hop Songs	43
2009	This Is It	Hot RingMasters	35
2009	Thriller	Hot RingMasters	1
2009	Thriller	iLike Libraries: Most Added	1
2009	Wanna be startin' somethin	Hot Canadian digital singles	52
2009	Wanna be startin' somethin'	Hot Digital Songs	20
2009	Way you make me feel	Hot Canadian digital singles	13
2009	Way you make me feel	Hot Digital Songs	6
2009	Will you be there	Hot Canadian digital singles	11
2009	Will you be there	Hot Digital Songs	10
2009	You are not alone	Hot Canadian digital singles	23
2009	You are not alone	Hot Digital Songs	17
2009	You Rock My World	Hot Digital Songs	62
2008	Beat it 2008	Hot Canadian digital singles	66
2008	The girl is mine 2008	Hot Canadian digital singles	61
2008	Wanna be startin' somethin'	Canadian singles Charts	2
2008	Wanna be startin' somethin	Hot Canadian digital singles	33
2008	Wanna be startin' somethin'	Hot Digital Songs	47

Año	Sencillo	Lista	Pico
2008	Wanna be startin' somethin	Pop 100	48
2008	Wanna be startin' somethin'	Hot Digital Songs	47
2008	Wanna be startin' somethin	The Billboard Hot 100	81
2007	Thriller	Hot Canadian digital singles	7
2006	Thriller	Hot Ringtones	5
2005	Thriller	Hot Digital Songs	2
2004	One more chance	Hot R&B/Hip-Hop Singles Tracks	40
2004	One more chance	The Billboard Hot 100	83
2003	One more chance (Remixes)	Hot Dance Singles Sales	13
2002	Butterflies	Rhythmic Top 40	36
2002	Butterflies	Mainstream Top 40	36
2002	Heaven can wait	Hot R&B/Hip-Hop Songs	72
2001	Butterflies	Hot R&B/Hip-Hop Singles	2
2001	Butterflies	The Billboard Hot 100	14
2001	You rock my world	Canadian singles Charts	2
2001	You rock my world	Hot R&B/Hip-Hop Singles	13
2001	You rock my world	Rhythmic Top 40	17
2001	You rock my world	The Billboard Hot 100	10
2001	You rock my world	Rhythmic Top 40	16
2001	You rock my world	Hot R&B/Hip-Hop	13
1997	Blood on the dance floor	Hot R&B/Hip-Hop	4
1997	Blood on the dance floor	Dance Music/Club Play Singles	10
1997	Blood on the dance floor	Hot Dance Music	2
1997	Blood on the dance floor	Hot R&B/Hip-Hop	19
1997	Blood on the dance floor	Rhythmic Top 40	24
1997	Blood on the dance floor	The Billboard Hot 100	42
1997	Blood on the dance floor	Mainstream Top 40	38
1997	Stranger in Moscow	Dance Music/Club Play Singles	50
1997	Stranger in Moscow	The Billboard Hot 100	91
1996	Earth song	Dance Music/Club Play Singles	32
1996	They don't care about us	Rhythmic Top 40	27
1996	They don't care about us	Hot Dance Music	4
1996	They don't care about us	Hot R&B/Hip-Hop	10
1996	They don't care about us	Dance Music/Club Play Singles	27

Año	Sencillo	Lista	Pico
1996	They don't care about us	The Billboard Hot 100	30
1996	This time around	Dance Music/Club Play Singles	18
1995	Scream	Dance Music/Club Play Singles	1
1995	Scream	Hot R&B/Hip-Hop Songs	2
1995	Scream	Rhythmic Top 40	5
1995	Scream	Mainstream Top 40	20
1995	Scream/ Childhood	Hot Dance Music	1
1995	Scream/ Childhood	The Billboard Hot 100	5
1995	This Time Around	Rhythmic Top 40	36
1995	You are not alone	Adult Contemporary	7
1995	You are not alone	Adult Top 40	8
1995	You are not alone	Dance Music/Club Play Singles	3
1995	You are not alone	Hot Dance Music	3
1995	You are not alone	Hot Latin Tracks	33
1995	You are not alone	Hot R&B/Hip-Hop Songs	1
1995	You are not alone	Latin Pop Airplay	14
1995	You are not alone	Latin Tropical/Salsa Airplay	12
1995	You are not alone	Rhythmic Top 40	1
1995	You are not alone	The Billboard Hot 100	1
1995	You are not alone	Mainstream Top 40	4
1993	Heal the world	Mainstream Top 40	21
1993	Who is It	Dance Music/Club Play Singles	1
1993	Who Is It	Hot Dance Music	1
1993	Who Is It	Hot R&B/Hip-Hop Songs	6
1993	Who Is It	Rhythmic Top 40	21
1993	Who Is It	The Billboard Hot 100	14
1993	Who Is It	Mainstream Top 40	6
1993	Will You be there	Adult Contemporary	5
1993	Will You be there	Mainstream Top 40	3
1993	Will You be there	Hot R&B/Hip-Hop Songs	53
1993	Will You be there	The Billboard Hot 100	7
1992	Black or white	Dance Music/Club Play Singles	2
1992	Black or white	Hot Dance Music	1
1992	Heal the world	Adult Contemporary	9
1992	Heal the world	Hot R&B/Hip-Hop Songs	62

Año	Sencillo	Lista	Pico
1992	Heal the world	The Billboard Hot 100	27
1992	In the closet	Dance Music/Club Play Singles	1
1992	In the closet	Hot Dance Music	1
1992	In the closet	Hot R&B/Hip-Hop Songs	1
1992	In the closet		6
1992	Jam	Dance Music/Club Play Singles	4
1992	Jam	Hot Dance Music	1
1992	Jam	Hot R&B/Hip-Hop Songs	3
1992	Jam	The Billboard Hot 100	26
1992	Remember the time	Adult Contemporary	15
1992	Remember the time	Dance Music/Club Play Singles	2
1992	Remember the time	Hot Dance Music	1
1992	Remember the time	Hot R&B/Hip-Hop Song	1
1992	Remember the time	The Billboard Hot 100	3
1991	Black or white	Adult Contemporary	23
1991	Black or white	Hot R&B/Hip-Hop Songs	3
1991	Black or white	The Billboard Hot 100	1
1988	Another part of me	Hot R&B/Hip-Hop Songs	18
1988	Another part of me	Hot R&B/Hip-Hop Song	1
1988	Another part of me	The Billboard Hot 100	11
1988	Dirty Diana	Hot R&B/Hip-Hop Songs	8
1988	Dirty Diana	The Billboard Hot 100	1
1988	Man in the mirror	Adult Contemporary	2
1988	Man in the mirror	Hot Dance Music	39
1988	Man in the mirror	The Billboard Hot 100	1
1988	Man in the mirror	Dance Music	1
1988	Smooth criminal	Dance Music	10
1988	Smooth criminal	Hot Dance Music	13
1988	Smooth criminal	Hot R&B/Hip-Hop Songs	2
1988	Smooth criminal	The Billboard Hot 100	7
1987	Bad	Hot R&B/Hip-Hop Songs	1
1987	Bad	Hot R&B/Hip-Hop Songs	1
1987	Bad (LP cuts)	Dance Music	22
1987	Bad (Remix)	Dance Music	1
1987	Bad (Remix)	Hot Dance Music	1

Año	Sencillo	Lista	Pico
1987	I just can't stop loving you	Hot R&B/Hip-Hop Songs	1
1987	I just can't stop loving you	The Billboard Hot 100	1
1987	I just can't stop loving you	Adult Contemporary	1
1987	The way you make me feel	Adult Contemporary	9
1987	The way you make me feel	Hot R&B/Hip-Hop Songs	1
1987	The way you make me feel	The Billboard Hot 100	1
1987	The way you make me feel (Remix)	Dance Music	1
1987	The way you make me feel (Remix)	Hot Dance Music Sales	3
1984	Farewell my summer love	Adult Contemporary	20
1984	Farewell my summer love	The Billboard Hot 100	38
1984	Thriller	Adult Contemporary	24
1984	Thriller	Hot R&B/Hip-Hop Songs	3
1984	Thriller	The Billboard Hot 100	4
1983	Beat it	Mainstream Rock	14
1983	Beat it	R&B Singles	1
1983	Beat it	The Billboard Hot 100	1
1983	Billie Jean	R&B Singles	9
1983	Billie Jean	The Billboard Hot 100	1
1983	Billie Jean	The Billboard Hot 100	1
1983	Human nature	Adult Contemporary	2
1983	Human nature	R&B Singles	27
1983	Human nature	The Billboard Hot 100	7
1983	(P.Y.T. (Pretty young thing)	Adult Contemporary	37
1983	(P.Y.T. (Pretty young thing)	Hot R&B/Hip-Hop Songs	46
1983	(P.Y.T. (Pretty young thing)	R&B Singles	46
1983	(P.Y.T. (Pretty young thing)	The Billboard Hot 100	10
1983	Say Say Say	Adult Contemporary	3
1983	Say Say Say	Mainstream Rock	24
1983	Say Say Say	R&B Singles	2
1983	Say Say Say	The Billboard Hot 100	1
1983	The girl is mine	R&B Singles	1
1983	The girl is mine	The Billboard Hot 100	2
1983	Thriller (LP All Cuts)	Hot Dance Music	1
1983	Wanna be startin' somethin	R&B Singles	5

Año	Sencillo	Lista	Pico
1983	Wanna be startin' somethin	The Billboard Hot 100	5
1982	The girl is mine	Adult Contemporary	1
1981	One day in your life	R&B Singles	42
1981	One day in your life	The Billboard Hot 100	55
1980	Off the wall	R&B Singles	5
1980	Off the wall	The Billboard Hot 100	10
1980	Rock with you	R&B Singles	1
1980	Rock with you	The Billboard Hot 100	1
1980	She's out of my life	Adult Contemporary	4
1980	She's out of my life	R&B Singles	43
1980	She's out of my life	The Billboard Hot 100	10
1979	Don't stop 'til you get enough	R&B Singles	1
1979	Don't stop 'til you get enough	The Billboard Hot 100	1
1979	You can't win (Part 1)	R&B Singles	42
1979	You can't win (Part 1)	The Billboard Hot 100	81
1978	Ease on down the road	R&B Singles	17
1978	Ease on down the road	The Billboard Hot 100	41
1975	Just a little bit of you	Disco Singles	10
1975	Just a little bit of you	R&B Singles	4
1975	Just a little bit of you	The Billboard Hot 100	23
1975	We're almost there	R&B Singles	7
1975	We're almost there	The Billboard Hot 100	54
1973	With a child's heart	R&B Singles	14
1973	With a child's heart	The Billboard Hot 100	50
1972	Ben	R&B Singles	3
1972	Ben	The Billboard Hot 100	5
1972	Ben	The Billboard Hot 100	1
1972	I wanna be where you are	R&B Singles	2
1972	I wanna be where you are	The Billboard Hot 100	16
1972	Rockin' Robin	R&B Singles	2
1972	Rockin' Robin	The Billboard Hot 100	2
1971	Got to be there	R&B Singles	4
1971	Got to be there	The Billboard Hot 100	4

Premios Grammy recibidos por Michael Jackson

Año	Canción o Álbum	Categoría
1995	Scream	Mejor Video Musical, Corta Duración
1989	Leave me alone	Mejor Video Musical, Corta Duración
1985	We are the world	Canción del Año
1984	Making of thriller	Mejor Video Musical, Larga Duración
1983	Beat it	Mejor Interpretación Rock Masculina
1983	Beat it	Grabación del Año
1983	Billie Jean	Mejor Interpretación R&B Vocal Masculina
1983	Billie Jean	Mejor Canción R&B
1983	E.T. The Extra-Terretrial	Mejor Grabación para niños
1983		Productor del Año
1983	Thriller	Álbum del Año
1983	Thriller	Mejor Interpretación Pop Vocal Masculina
1979	Don't stop 'til you get enough	Mejor Interpretación R&B Vocal Masculina

THE JACKSON 5

Los hermanos Jackson continuaron trabajando aunque no contaron con la colaboración del Rey del Pop.

El sencillo «Nothin», grabado por The Jacksons sin la inclusión de Michael, fue puesto a disposición del público el 2 de mayo de 1989. En junio de ese mismo año realizaron una gira europea para promover su primer LP en cinco años, 2300 Jackson St.

Lanzado al mercado el 23 de junio, su título fue tomado de la dirección de la casa de la familia en Gary, Indiana. Tras la culminación del álbum, su contrato con Epic Records se completó y nunca más fue renovado.

Jermaine y Jackie retomaron sus carreras como solistas. Randy formó su propio grupo llamado Randy and The Gypsys, el cual experimentó un éxito moderado con un disco homónimo.

My Family, The Jacksons, libro de la autoría de Katherine Jackson fue publicado el 23 de octubre de 1990. La mini serie de 5 horas de duración *The Jacksons - An America Dream* es televisada el 15 y 18 de noviembre de 1992 y el programa se convirtió en la mini serie más vista en los últimos tres años.

The Jacksons entraron en el Salón de la Fama del Rock and Roll Hall en agosto de 1997. Fueron presentados por Diana Ross, además se incluyeron en el Salón de la Fama de los Grupos Vocales en 1999. Los hermanos tienen su estrella en el Paseo de la Fama de Hollywood desde 1980.

Dos de las grabaciones de la banda, «ABC» e «I want you back», están incluidas en el Salón de la Fama del Rock and Roll entre las 500 canciones que le dieron forma al género. «I want you back» también forma parte del Salón de la Fama de los premios Grammy.

El espectáculo especial celebrando el 30 aniversario de la carrera en solitario de Michael fue llevado a cabo en el Madison Square Garden en septiembre de 2001. Tristemente, esta fue la última vez que los hermanos se reunieron para cantar juntos.

La filmación de la reality series *The Jacksons: A Family Dynasty* comenzó en agosto de 2009 y el sencillo «This is it» fue lanzado al mercado el 12 de octubre de ese año y contó con Michael en los coros de sus hermanos.

Marlon, Jermaine y Jackie salieron de gira y visitaron 20 ciudades a través de los Estados Unidos, ofreciendo entrevistas y charlas a partir del 6 de enero 2010.

The Jacksons: A Family Dynasty se trasmitió en los Estados Unidos el 17 de enero y en el Reino Unido el 7 de febrero. Los cuatro hermanos mayores realizaron la gira *Unity Tour* durante el 2012.

Varios músicos acompañantes trabajaron con la banda: los más destacados fueron Milford Hite, baterista inicial que fue reemplazado en 1967; Reynaud Jones, guitarrista original que fue sustituido por Tito en 1967. Además el baterista Johnny Jackson, sin vínculos familiares con los hermanos, y el tecladista Ronnie Rancifer, ambos utilizados en las presentaciones en vivo de la banda hasta que finalizaron su relación con Motown Records en 1975. Realizaron el espectáculo *Heal the World: A Tribute to Michael Jackson* en el hotel Planet Hollywood de Las Vegas el 7 de enero de 2016.

2300 Jackson St (como The Jacksons)
(Michael Jackson no es miembro de la banda) (Epic Records). 23/06/1989

THE JACKSONS

Álbum final de The Jacksons. Michael Jackson solo hizo un pequeño cameo en el tema «2300 Jackson Street» en la frase «*In harmony, together we'll join hands and sing our love across the land*». Marlon Jackson tampoco formó parte de la banda.

1-Art of Madness /5:06

Compuesta por Jermaine Jackson, Michael Omartian y Bruce Sudano. Posee un ritmo muy similar a temas previos tales como «Can you feel it» y «Torture». Lanzada al mercado como sencillo el 25 de junio de 1989.

2-Nothin' (That Compares 2 U) /5:22

Compuesta por Babyface y L.A. Reid. Babyface interpretó los teclados y la guitarra prima. Lanzada al mercado como sencillo el 27 de enero de 1989.

3-Maria /5:48

Compuesta por Jermaine Jackson, Paul Jackson Jr. y Ray Grady. Fue producida por el propio Jermaine con un toque de R&B latino.

4-Private Affair / 4:10

Compuesta por Diane Warren.

5-2300 Jackson Street /5:06

Compuesta por Jermaine Jackson, Jackie Jackson, Tito Jackson, Randy Jackson y Gene Griffin. Participan todos los hermanos Jackson menos La Toya. Lanzada al mercado como sencillo el 16 de marzo de 1989.

6-Harley /4:24

Compuesta por Jermaine Jackson, Tito Jackson, Jackie Jackson, Randy Jackson y Attala Zane Giles.

7-She /5:01

Compuesta por Gene Griffin y Aaron Hall. Randy Jackson es el cantante principal en este tema.

8-Alright with me /3:25

Compuesta por Jackie Jackson, Jermaine Jackson, Tito Jackson y A. Z. Giles. Jackie y Jermaine voces principales.

9-Play it up /4:52

Compuesta por Jackie Jackson, Jermaine Jackson, Randy Jackson, Tito Jackson y A. Z. Giles.

10-Midnight rendezvous /4:24

Compuesta por Jackie Jackson, Jermaine Jackson, Randy Jackson, Tito Jackson y A. Z. Giles. Jackie y Jermaine voces principales.

11- If you'd only believe /6:13

Compuesta por Jermaine Jackson, Billie Hughes y Roxanne Seeman.

Álbumes de The Jackson 5 / ubicación en Billboard

según www.allmusic.com

Año	Álbum	Lista	Pico
2012	The Best of Jackson 5	The Billboard 200	114
2012	The best of Jackson 5	Top Pop Catalog	8
2010	Icon: Jackson 5	R&B Albums	87
2009	I want you back!: Unreleased Masters	R&B Albums	50
2009	Love songs	R&B Albums	36
2009	The best of Jackson 5	Top Pop Catalog	8
2009	Ultimate Christmas Collection	R&B Albums	13
2009	Ultimate Christmas Collection	The Billboard 200	108
2009	Ultimate Christmas Collection	TopHoliday Albums	9
1976	Jackson Five Anthology	R&B Albums	32
1976	Jackson Five Anthology	The Billboard 200	84
1975	Moving Violation	R&B Albums	6
1975	Moving Violation	The Billboard 200	36
1974	Dancing Machine	The Billboard 200	16
1973	Get it Together	R&B Albums	4
1973	Get it Together	The Billboard 200	100
1973	Skywriter	R&B Albums	15
1973	Skywriter	The Billboard 200	44
1972	Jackson 5 Greatest Hits	R&B Albums	2
1972	Jackson 5 Greatest Hits	The Billboard 200	12
1972	Lookin' through the windows	R&B Albums	3
1972	Lookin' through the windows	The Billboard 200	7
1971	Goin' back to Indiana	R&B Albums	5
1971	Goin' back to Indiana	The Billboard 200	16
1971	Maybe Tomorrow	R&B Albums	1
1971	Maybe Tomorrow	The Billboard 200	11
1970	ABC	R&B Albums	1
1970	ABC	The Billboard 200	4
1970	Christmas Album	The Billboard 200	1

1970	Diana Ross Presents The Jackson 5	R&B Albums	1
1970	Diana Ross Presents The Jackson 5	The Billboard 200	5
1970	Third Album	R&B Albums	1
1970	Third Album	The Billboard 200	4

Lista de sencillos de The Jackson 5 / ubicación en Billboard

según www.allmusic.com

Año	Sencillo	Lista	Pico
2016	Santa Claus is comin' to town	Hot Holiday Songs	36
2015	I Saw Mommy kissing Santa Claus	Japan Hot 100 Singles	27
2014	I Saw Mommy kissing Santa Claus	Hot Holiday Songs	30
2014	I Saw Mommy kissing Santa Claus	Japan Hot 100 Singles	27
2014	Santa Claus is comin' to town	Hot Holiday Songs	36
2014	Santa Claus is comin' to town	Japan Hot 100 Singles	90
2013	I Saw Mommy kissing Santa Claus	Japan Hot 100 Singles	35
2012	I Saw Mommy kissing Santa Claus	Hot Holiday Songs	30
2012	I Saw Mommy kissing Santa Claus	Japan Hot 100 Singles	38
2012	Santa Claus is comin' to town	Hot Holiday Songs	36
2012	Santa Claus is comin' to town	Japan Hot 100 Singles	94
2011	I Saw Mommy kissing Santa Claus	Hot Holiday Songs	46
2009	ABC	Hot Canadian	42
2009	ABC	Hot Digital Songs	34
2009	I want you back	Hot Canadian	39
2009	I want you back	Hot Digital Songs	31
2009	I'll be there	Hot Canadian	51
2009	I'll be there	Hot Digital Songs	29
2009	Never can say goodbye	Hot Digital Songs	72
2009	Who's lovin' you	Hot Digital Songs	55
1992	Who s lovin you	Hot R&B/Hip-Hop	48
1975	All I do is think of you	R&B Singles	50
1975	Forever came today	Disco Singles	1
1975	Forever came today	R&B Singles	6
1975	Forever came today	The Billboard Hot 100	60

1975	Forever came today/Body Language	Dance Music	1
1975	I am love (Parts I & II)	R&B Singles	5
1975	I am love (Parts I & II)	The Billboard Hot 100	15
1974	Dancing machine	R&B Singles	1
1974	Dancing machine	The Billboard Hot 100	2
1974	Whatever you got, I want	R&B Singles	3
1974	Whatever you got, I want	The Billboard Hot 100	38
1973	Get it together	R&B Singles	2
1973	Get it together	The Billboard Hot 100	28
1973	Hallelujah day	R&B Singles	10
1973	Hallelujah day	The Billboard Hot 100	28
1972	Corner of the sky	R&B Singles	9
1972	Corner of the sky	The Billboard Hot 100	18
1972	Little Bitty pretty one	R&B Singles	8
1972	Little Bitty pretty one	The Billboard Hot 100	13
1972	Lookin' through the windows	R&B Singles	5
1972	Lookin' through the windows	The Billboard Hot 100	16
1972	Sugar Daddy	R&B Singles	3
1972	Sugar Daddy	The Billboard Hot 100	10
1971	Mama's Pearl	R&B Singles	2
1971	Mama's Pearl	The Billboard Hot 100	2
1971	Maybe tomorrow	R&B Singles	3
1971	Maybe tomorrow	The Billboard Hot 100	20
1971	Never can say goodbye	R&B Singles	1
1971	Never can say goodbye	The Billboard Hot 100	2
1970	ABC	R&B Singles	1
1970	ABC	The Billboard Hot 100	1
1970	Christmas won't be the same this year	The Billboard Hot 100	1
1970	I found that girl	R&B Singles	1
1970	I found that girl	The Billboard Hot 100	1
1970	I want you back	R&B Singles	1
1970	I want you back	The Billboard Hot 100	1
1970	I'll be there	R&B Singles	1
1970	I'll be there	The Billboard Hot 100	1
1970	Santa Claus is comin' to town	The Billboard Hot 100	1
1970	The love you save	R&B Singles	1
1970	The love you save	The Billboard Hot 100	1
1970	Who's loving you	R&B Singles	1

Listas de álbumes de The Jacksons / ubicación en la Billboard

según www.allmusic.com

Año	Álbum	Lista	Pico
2009	Playlist: The very best of the Jackson	R&BAlbums	35
2007	The Jacksons Story: Number 1'S	R&B Albums	86
2004	The Essential Jacsons	R&B Albums	99
2004	The jacksons Story	R&B Albums	74
1992	The Jacksons: An American Dream	The Billboard 200	137
1989	2300 Jacksons St.	The Billboard 200	59
1989	2300 Jackson Streeet	R&B Albums	14
1984	Live	The Billboard 200	191
1984	Victory	R&B Albums	3
1984	Victory	The Billboard 200	4
1982	Jacksons Live	R&B Albums	10
1982	Jacksons Live	The Billboard 200	30
1980	Triumph	R&B Albums	1
1980	Triumph	The Billboard 200	10
1979	Destiny	R&B Albums	3
1979	Destiny	The Billboard 200	11
1977	Goin' Places	R&B Albums	11
1977	Goin' Places	The Billboard 200	63
1977	The Jacksons	R&B Albums	6
1977	The Jacksons	The Billboard 200	36

Lista de sencillos de The Jacksons / ubicación en Billboard

según www.allmusic.com

Año	Sencillo	Lista	Pico
2009	Shake your body (Down to the ground)	Hot Digital Songs	50
1989	2300 Jackson Street	Hot R&B/Hip-Hop	9
1989	Nothin (That Compares 2 U)	Dance Music	8
1989	Nothin (That Compares 2 U)	Hot Dance	5
1989	Nothin (That Compares 2 U)	Hot R&B/Hip-Hop	4
1989	Nothin (That Compares 2 U)	The Billboard Hot 100	77
1987	Time Out For The Burglar	Hot R&B/Hip-Hop	88
1984	Body	Hot R&B/Hip-Hop	39
1984	Body	The Billboard 100	47
1984	State of shock	Dance Music	3
1984	State of shock	Hot R&B/Hip-Hop	4
1984	State of shock	The Billboard Hot 100	3
1984	Torture	Dance Music	9
1984	Torture	Hot R&B/Hip-Hop	12
1984	Torture	The Billboard Hot 100	17
1981	Can you feel it	R&B Singles	30
1981	Can you feel it	The Billboard Hot 100	77
1981	Heartbreak hotel	R&B Singles	2
1981	Heartbreak hotel	The Billboard Hot 100	22
1981	Walk right now	R&B Singles	50
1981	Walk right now	The Billboard Hot 100	73
1981	Walk right now (remix)	Dance Music	5
1980	Lovely One	R&B Singles	2
1980	Lovely One	The Billboard Hot 100	12
1980	Lovely One	Dance Music Singles	1
1979	Blame it on the boogie	Dance Music	20
1979	Shake your body (Down to the ground)	R&B Singles	3
1979	Shake your body (Down to the ground)	The Billboard Hot 100	7
1978	Blame it on the boogie	R&B Singles	3
1978	Blame it on the boogie	The Billboard Hot 100	54
1978	Find me a girl	R&B Singles	38
1977	Enjoy yourself	The Billboard Hot 100	6
1977	Goin' places	R&B Singles	8

1977	Goin' places	The Billboard Hot 100	52
1977	Music's taking over	Dance Music	40
1977	Show you the way to go	R&B Singles	6
1977	Show you the way to go	The Billboard Hot 100	28
1976	Enjoy yourself	Dance Music	33
1976	Enjoy yourself	R&B Singles	2

La familia Jackson

Jermaine Jackson

Jermaine La Jaune Jackson, nacido el 11 de diciembre de 1954 en Gary, Indiana. Cantante, bajista y compositor que alcanzó la fama como solista a finales de los años 70. Fue junto a Michael la voz principal de The Jackson 5. En sus comienzos se desempeñó como el cantante principal de The Jackson Brothers, una versión temprana de The Jackson 5 hasta 1966, quienes firmaron contrato con el empresario Gordon Keith de Steeltown Records en noviembre de 1967 y lanzaron al mercado su primer sencillo titulado «Big boy» el 30 de enero de 1968. Posteriormente pasaron a la Motown Records bajo la égida de Berry Gordy.

Jermaine contrajo matrimonio con Hazel Gordy, hija de Berry, en 1973 y permaneció con la Motown cuando sus hermanos se trasladaron a Epic Records en 1975. Fue sustituido por su hermano Randy. Siempre prefirió los ritmos *dance* con mucho movimiento por encima de las baladas románticas.

Volvió a The Jacksons para la grabación del disco *Victory*. Se mantuvo en la banda para *2300 Jackson Street* de 1989 y participó en el programa televisivo *30th Anniversary Special* en 2001.

En solitario grabó el tema «Daddy's home» en 1972 que ocupó la novena posición de la *Billboard* y que fue popularizado originalmente por Shep and The Limelites. Fue productor del exitoso grupo Switch.

En su disco *Feel the Fire* (1977) contó con la colaboración de Syreeta Wright y de Tower of Power. Stevie Wonder fue el productor y compositor de la mayoría de los temas incluidos en el LP *Let's Get Serious* (1980) y ocupó la sexta posición de la *Billboard*. Por este trabajo discográfico Jermaine fue nominado a los premios Grammy en la categoría de Mejor Interpretación Vocal Masculina de R&B.

Se fue de Motown Records para Arista Records en 1983. Su álbum *You Said* (1991) fue producido por L.A. Reid & Babyface, Kayo y Darryl Simmons, todos de la casa disquera LaFace Records.

Ingresó al Salón de la Fama del Rock & Roll en 1997 como miembro de The Jackson 5.

Lanzó al mercado su álbum *I Wish You Love* en octubre de 2012. Un trabajo repleto de estándares de *jazz* tras 21 años sin grabar nada en solitario.

Ubicó 17 sencillos en la lista *Billboard Hot 100,* incluidos dos Top 10, «Daddy's home» en 1973 y «Let's get serious» en 1980. Ambos alcanzaron la novena posición.

Sus temas más escuchados de todos los tiempos son «Daddy's home», «Let's get serious», «Dynamite», «I think it's love», «Faithful» a dúo con Thelma Houston, «Do what you do», así como «Take good care of my heart» e «If you say my eyes are beautiful» ambos interpretados junto a Whitney Houston.

Realizó en solitario un concierto en Gambia ante 30 mil espectadores en el estadio Independencia de Bakau en 2010 en el marco del Festival Internacional Cultural de Kanilai.

Participó junto a sus hermanos en el espectáculo Heal the World: A Tribute to Michael Jackson realizado en el hotel Planet Hollywood de Las Vegas el 7 de enero de 2016.

Recientemente publicó el libro *Michael: You Are Not Alone.*

Discografía de Jermaine Jackson como artista solista

según www.allmusic.com

Jermaine (Motown Records)
14/07/1972

Come into My Life (Motown Records)
6/05/1973

My Name is Jermaine (Motown Records)
8/08/1976

Feel the Fire (Motown Records)
29/06/1977

Frontiers (Motown Records)
8/02/1978

Let's Get Serious (Motown Records)
17/03/1980

Jermaine (Motown Records)
10/10/1980

I Like Your Style (Motown Records)
1981

Let Me Tickle Your Fancy (Motown Records)
9/07/1982

Dynamite (Arista Records)
14/04/1984

Precious Moments (Arista Records)
13/02/1986

Don't Take It Personal (Arista Records)
22/08/1989

You Said (Arista Records)
29/10/1991

I Wish You Love (World Productions Group)
4/10/2012

Jackie Jackson

Nacido el 4 de mayo de 1951 en Gary, Indiana, es el de mayor edad entre los miembros de The Jackson 5. Fácilmente reconocible por su carismática sonrisa y por ser el más alto de todos. Su nombre real es Sigmund Esco Jackson y su abuelo lo renombró Jackie.

Amante del béisbol fue incluido en el *draft amateur* de 1970 y recibió ofertas de los Chicago White Sox pero decidió dedicarse a la música.

A los veintidos años grabó su primer disco en solitario *Jackie Jackson* (1973) donde se pueden apreciar los éxitos «Love don't want to leave», «You're the only one» y «Do I owe».

Cuando los hermanos firmaron con Epic Records fue el autor o coautor de varios de sus mejores *hits tales* como «Can you feel it», «Wondering who», «Walk right now» y «Torture». Además trabajó como productor para sus hermanas La Toya, Rebbie y Janet.

Produjo las bandas sonoras de los filmes *Touch and Go* de 1986, *The Running Man*, protagonizada por Arnold Schwarzenegger en 1987 y el tema principal para *Burglar*, película de Whoopi Golberg del mismo año.

Lanzó al mercado *Be the One* (1989) que alcanzó la posición 89 en las listas R&B. De ese trabajo se destacan los sencillos «Stay» y «Cruzin'».

Ubicó dos sencillos en la lista Hot R&B/Hip-Hop Songs, incluido el Top 40 «Stay» número 39 en 1989.

Ingresó al Salón de la Fama del Rock & Roll en 1997 como miembro de The Jackson 5. Es el productor ejecutivo del *reality show* televisivo *The Jacksons: A Family Dynasty*.

Discografía de Jackie Jackson artista solista

según www.allmusic.com

Jackie Jackson (Motown Records)
14/10/1973

Be the One (Polygram)
9/09/1989

Big City After Dark (Canadian-American)
27/02/2007

Marlon Jackson

Marlon David Jackson nació el 12 de marzo de 1957 en Gary, Indiana. Es reconocido entre The Jackson 5 por sus habilidades danzarias y su gran sentido del humor. Su hermano gemelo Brandon falleció 24 horas después de su nacimiento.

Como miembro de la banda su voz puede ser claramente escuchada en los temas «Feelin' alright», «Little bitty pretty one» y «Corner of the sky». Alcanzó mayor protagonismo en la grabación del disco *Get It Together* (1973). Interpretó el bajo, los teclados y la percusión.

No participó como miembro de The Jacksons en la grabación de *2300 Jackson St*. Aunque cantó junto a su hermano Michael en el tema que le da nombre al disco.

Lanzó al mercado su único álbum en solitario titulado *Baby Tonight* con la disquera Capitol Records el 13 de julio de 1987. En este LP compuso todos los temas y fungió como productor. Su sencillo «Don't go», lanzado al mercado el 7 de septiembre de 1987, ocupó la segunda posición en las listas R&B.

Ingresó al Salón de la Fama del Rock & Roll en 1997 como miembro de The Jackson 5 y participó en el *reality show* televisivo *The Jacksons: A Family Dynasty*.

Tito Jackson

Toriano Adaryll *Tito* Jackson nació el 15 de octubre de 1953 en Gary, Indiana. Vocalista, compositor y guitarrista.

Inició carrera en solitario en el 2003 como músico de sesión y *blues man* en varios centros nocturnos.

Grabó su álbum debut como solista *Tito Time* lanzado al mercado en noviembre de 2016. Su estilo se enmarca en la fusión de R&B, blues y pop.

Su sencillo «Get it baby» interpretado a dúo con Big Daddy Kane se incluyó en las listas de la *Billboard* el 11 de junio de 2016 convirtiéndose Tito en el noveno hijo de los Jacksons en ubicar en solitario una canción en el *Hit Parade*.

Es el padre de los músicos Toriano Adaryll Jackson II *Taj*, Taryll Adren Jackson y Tito Joe Jackson «TJ», miembros del grupo 3T quienes grabaron con Michael Jackson.

Randy Jackson

Steven Randall Jackson nació el 29 de octubre de 1961 en Gary, Indiana. Interpretó las congas, teclados, batería, bajo y guitarra con The Jackson 5. Cantó a dúo con su hermana Janet durante su niñez. Entre sus presentaciones más destacadas figura la del programa televisivo *Dinah Shore Show*. Fue conocido con el sobrenombre de Little Randy.

Se convirtió en miembro oficial de The Jacksons en 1976 cuando firmaron con la disquera Epic Records.

Es coautor junto a Michael de «Shake your body» («Down to the ground»), el mayor éxito de The Jacksons.

A finales de los setenta preparó su álbum debut en solitario *How Can I Be Sure?* que contenía la primera grabación de Janet titulada «Love song for kids», este disco nunca salió al mercado al ser interrumpido por las graves heridas sufridas por Randy en un accidente de tránsito el 4 de febrero de 1980 en Hollywood, California.

Posteriormente fundó el grupo Randy & The Gypsys con el que editó un larga duración homónimo lanzado al mercado el 4 de octubre de 1989 por la disquera A&M Records. Sus temas más escuchados son «Perpetrators», «Not because of me», «Love you honey» y «The love we almost had».

Ubicó tres sencillos en la lista Hot R&B/Hip-Hop Songs, uno en solitario y dos como miembro de la banda Randy & The Gypsys. El más destacado fue «Love you honey» ocupante de la posición 16 en 1990.

Fundó su propia disquera Modern Records en 1998.

Janet Jackson

Janet Damita Jo Jackson nació el 16 de mayo de 1966 en Gary, Indiana. Considerada una de las mayores estrellas *pop* de los años 80. Cantó con The Jackson 5 a los siete años de edad y comenzó su carrera como actriz en el programa televisivo *Good Times* transmitido en 1977. Es cantante, bailarina, modelo, compositora, productora y actriz. Posee un rango vocal de mezzo-soprano.

Contrajo matrimonio con el cantante James DeBarge en 1984, divorciándose poco tiempo después.

Sus discos *Control, Rhythm Nation 1814*; *Janet* ; *The Velvet Rope*; *All for You*; *Discipline* y *Unbreakable* ocuparon la cima de la *Billboard*. Además *Damita Jo* y *20 Y.O.* se ubicaron en la segunda posición de dicha lista.

Control recibió seis premios *Billboard*, tres nominaciones a los Grammy, incluida la de Álbum del Año. Además ganó cuatro American Music Awards de doce nominaciones, récord que aún se mantiene.

Ha recibido cinco premios Grammy en las categorías de Mejor Video de Largo formato en 1989, Mejor canción R&B con «That's the way love goes» en 1993, Mejor Video de Corto Formato en 1995 y 1997, así como Mejor Grabación de Música Dance en 2001. Ubicó 27 sencillos en las listas de la *Billboard*, incluidos 10 ocupantes de la cima, «When I think of you», «Miss you much», «Escapade», «Black cat», «Love will never do («Without you»), «That's the way love goes», «Again», «Together again», «Doesn't really matter» y «All for you».

Su álbum *Rhythm Nation 1814* incluyó 4 sencillos en la cima de la *Billboard* y otros tres se ubicaron en el Top 5 y es la primera artista de la historia en ubicar siete temas de un mismo disco en el Top 5. Este trabajo fonográfico vendió más de catorce millones de copias alrededor del mundo.

También tuvo gran éxito su dúo con Luther Vandross, «The best things in life are free», ubicado en el Top 10 de la *Billboard* en 1992 y que formó parte de la banda sonora del filme *Mo' Money*.

«That's the way love goes» es su tema más escuchado y se mantuvo ocho semanas en la cima de las listas. Junto a Michael interpretó «Scream» en 1995 y su video clip está catalogado como el más caro de la historia.

Debutó en el cine en el filme *Poetic Justice* vista en los cines en julio de 1993.

Janet vendió más de veinte millones de copias y fusionó los ritmos del R&B, *deep house*, *swing jazz*, *hip hop*, *rock* y *pop*.

Firmó un contrato con Virgin Records de 80 millones de dólares en 1996 convirtiéndose en la artista mejor pagada hasta ese momento.

Su primer álbum compilatorio *Design of a Decade: 1986-1996* fue lanzado al mercado en 1995, fue catalogado doble platino y vendió alrededor de diez millones de copias.

La revista *Billboard* la ubicó en la séptima posición entre los 100 Mejores Artistas de Todos los tiempos en 2008.

Se estima que ha vendido más de 160 millones de discos. Influyó en artistas renombradas tales como TLC, Aaliyah, Beyoncé, Britney Spears y Rihanna.

Discografía de Janet Jackson / artista solista

según www.allmusic.com

Janet Jackson (A&M Records)
21/09/1982

Dream Street (A&M Records)
23/10/1984

Control (A&M Records)
4/02/1986

Rhythm Nation 1814 (A&M Records)
19/09/1989

Janet (Virgin Records)
18/05/1993

The Velvet Rope (Virgin Records)
7/10/1997

All for You (Virgin Records)
24/04/2001

Damita Jo (Virgin Records)
30/03/2004

20 Y.O. (Virgin Records)
26/09/2006

Discipline (Island Records)
26/02/2008

Unbreakable (Rhythm Nation)
2/10/2015

La Toya Jackson

La Toya Yvonne Jackson nació el 29 de mayo de 1956 en Gary, Indiana. Cantante, actriz, modelo y compositora.

Trabajó junto a sus hermanos en doce emisiones de un programa de variedades producido por CBS entre 1976 y 1977.

Fue corista de The Jackson 5 antes de iniciar carrera como solista en 1979. Su álbum debut homónimo incluyó el éxito «Night time lover», donde Michael interpretó los coros y fungió como productor.

Ubicó 9 sencillos en la lista Hot R&B/Hip-Hop Songs, incluidos 4 Top 40. El más destacado fue «Bet'cha gonna need my lovin» ubicado en la posición 22 en 1983.

Compuso para el cantante Jimmy Cliff los temas «Reggae nights», «Brown eyes» y «American sweet».

Participó en la grabación del tema «We are the world» como parte del proyecto USA for Africa en 1985.

Escribió las autobiografías *La Toya: Growing Up in the Jackson Family* publicada en 1989 donde acusó a su padre de causarle abusos físicos así como *Starting Over* puesta a disposición de los lectores en 2011.

Lanzó al mercado el «extended play» *Starting Over* el 21 de junio de 2011. Este EP contiene los sencillos «Just wanna dance», «Free the world», «I don't play that» y «home».

«Feels like love» es su más reciente sencillo lanzado al mercado el 21 de julio de 2014.

Discografía de La Toya Jackson / artista solista

según www.allmusic.com

La Toya Jackson (Cherry Pop Records)
24/06/1980

My Special Love (Polydor Records)
8/05/1981

Heart Don't Lie (Town Grooves)
17/02/1984

Imagination (Funky Town Grooves)
19/06/1986

La Toya (Teldec/BMG)
25/10/1988

You're Gonna Get Rocked (RCA Records)
1988

Bad Girl (Sherman Records)
23/01/1990

No Relations (ZYX Music)
7/02/1991

He's My Brother (CEDAR)
1994

From Nashville to You (MCP)
13/04/1994

Be My Lover (Pilz)
21/11/1995

My Country Collection (Play Records)
1996

Moulin Rouge (BCI Music Brentwood Communication)
9/10/2001

Rebbie Jackson

Maureen Reillette Jackson nació el 29 de mayo de 1950 en Gary Indiana. Cantante y actriz, compartió escenario con The Jackson 5 en el MGM Grand Hotel and Casino de la ciudad de Las Vegas en junio de 1974.

Fue corista de Betty Wright, Sonny Bono y The Emotions a finales de los años 70. También fue cantante de cabaret. Debutó con el álbum Centipede (1984) que contiene temas compuestos por su hermano Michael, Smokey Robinson y Prince.

Su tema «Centipede» fue compuesto, arreglado y producido por Michael Jackson y alcanzó la posición 24 de la Billboard y la 4 en la lista R&B en 1984.

Su segundo disco Reaction fue grabado en los estudios de su hermano Tito, Ponderosa Studios de la ciudad de Los Angeles. Este trabajo fue producido por Tito, así como por David Conley y David Townsend, ambos miembros del grupo Surface. Aquí se incluyeron los duetos, Send the Rain Away, interpretado junto a Robin Zander, voz líder de la banda Cheap Trick y «I'm tonight yours» con el legendario Isaac Hayes.

Firmó con la disquera de su hermano Michael, MJJ Music en 1997 con la que editó el larga duración *Yours Faithfully* un año después.

Ubicó 7 sencillos en la lista Hot R&B/Hip-Hop Songs, incluidos dos Top 10, «Centipede», número 4 en 1984 y «Plaything» número 8 en 1988.

Discografía de Rebbie Jackson / artista
solista según www.allmusic.com

Centipede (Columbia Records)
10/10/1984

Reaction (Columbia Records)
?/10/1986

R U Tuff Enuff (Columbia Records)
?/03/1988

Yours Faithfully (MJJ Music)
3/03/1998

Bibliografía

Griffin Nancy. «Inside the Thriller video». *Vanity Fair Magazine*, July, 2010.

Robinson Lisa. «The King of pop: a remembrande». *Vanity Fair Magazine*, September, 2009.

Sullivan, Randall. «Untouchable: The Strange life and tragic death of Michael Jackson». *Grove Press* de Grove/Atlantic, Inc., 2012.

Sullivan Randall. Estate of Siege. Vanity Fair Magazine, November, 2012.

Documentales:

Ortega, Jackson, Sony Pictures, Sony Music, AEG *Live, The Michael Jackson* Company, LLC (productores) y Ortega, K., Jackson, M. (directores). (2009). *Michael Jackson's This Is It.* [Documental DVD]. EEUU: AEG Live Sony Pictures.

Shaw, J. (productor) y Bashit, M. (director). (2003). *Living with Michael Jackson* [Documental]. Granada Television. Reino Unido: American Broadcasting Company, ITV.

Discovery Channel. (Productor). *Autopsias: Las últimas horas de Michael Jackson.* [Documental]. EEUU: Discovery Channel.

Gest, David. (productor) y Eastel, Andrew (director). (2011). *Michael Jackson: The life of an Icon.* [Documental]. EEUU: Universal Studios and David Gest Productions, Inc.

Autopsias en Hollywood. Capítulo Michael Jackson. (Documental). Disponible en: https://mi.tv/co/programas/autopsias-de-hollywood-t00c01-michael-jackson.

Webs:

http://www.wikipedia.com

http://www.biography.com/people/michael-jackson-38211#wrongful-death-trial

http://www.michaeljackson.com/us/

http://www.allmusic.com

http://www.biografiasyvidas.com/biografia/j/jackson.htm

http://www.billboard.com/artist/310778/michael-jackson/chart

http://www.rollingstone.com/music/artists/michael-jackson

http://www.thejacksons.com/history/the-jackson-5-1969/

https://rockhall.com/inductees/the-jackson-five/bio/

http://www.latimes.com

http://www.rollingstone.com

http://www.rollingstone.com/music/lists/100-greatest-singers-of-all-time-19691231/michael-jackson-20101202#ixzz3xtiHRsLa

http://www.rollingstone.com/music/albumreviews/xscape-20140513

http://www.rollingstone.com/music/albumreviews/abc-19700903

http://www.rollingstone.com/music/albumreviews/maybe-tomorrow-19710722

http://www.alohacriticon.com

http://classic.motown.com/artist/michael-jackson/

http://www.allmichaeljackson.com

http://www.udiscovermusic.com

http://www.rollingstone.com/music/albumreviews/immortal-20111229#ixzz42zP5txHd

http://www.rollingstone.com/music/albumreviews/bad-25th-anniversary-deluxe-edition-20121005#ixzz42zOVg49x

http://www.rollingstone.com/music/albumreviews/xscape-20140513#ixzz-42zOB4VZs

http://www.michaeljackson.com/es/news

http://www.billboard.com/biz/articles/news/record-labels/6077618/michael-jacksons-back-how-la-reid-planned-his-xscape-cover

http://www.titojackson.com

http://www.janetjackson.com

http://www.biography.com/people/la-toya-jackson-479322

http://www.biography.com/people/rebbie-jackson-479326

https://www.discogs.com/es/artist/115897-Rebbie-Jackson

http://www.lacortedelreydelpop.com/videoclipsmichaeljackson.htm

EL LARGO Y TORTUOSO
CAMINO DE LOS
BEATLES

JOAO PABLO FARIÑAS GONZÁLEZ

EL LARGO Y TORTUOSO
CAMINO DE LOS
BEATLES

Joao P. Fariñas

EL LARGO Y TORTUOSO
CAMINO DE LOS
BEATLES

Joao P. Fariñas

EL LARGO Y TORTUOSO
CAMINO DE LOS
BEATLES

Joao P. Fariñas

UNOS&OTROS
EDICIONES

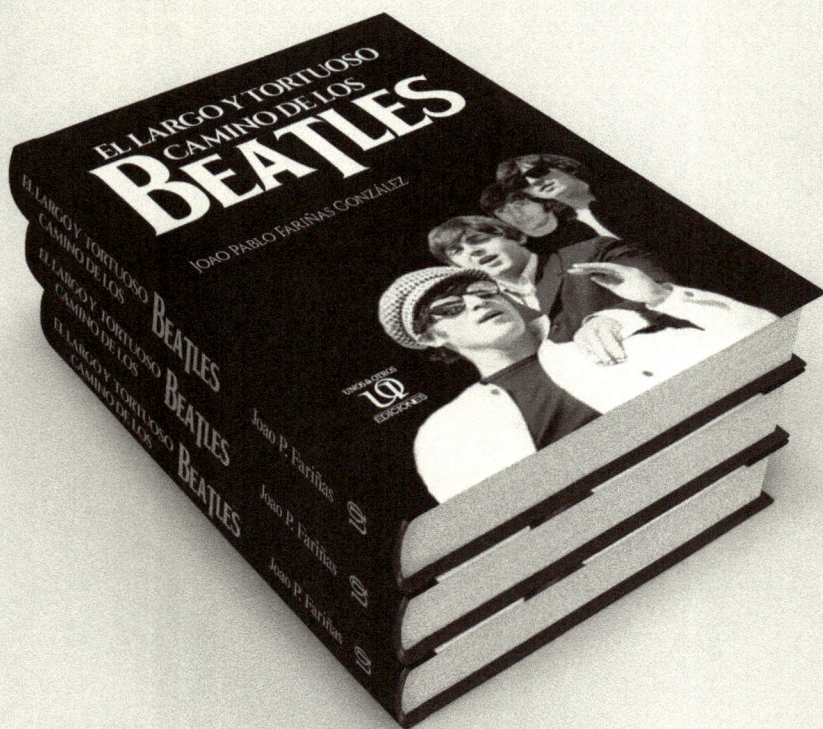

UNOS & OTROS
UO
EDICIONES

JOAO P. FARIÑAS

1979, La Habana, Cuba.

Periodista y guionista de programas radiales. Se ha desempeñado como crítico de cine de filmes musicales. Ha colaborado con varios programas de televisión y radio en Cuba.

Entre sus libros publicados: *Dos décadas de música: El sonido anglosajón de 1960-1980* (Ed. Arte y Letras); *Una Década de Música, el sonido anglosajón de los 80* (Ed. Arte y Literatura); *Carlos Ruiz de la Tejera, la fuerza de la vocación* (Ed. Unos&Otros) y *El largo y tortuoso camino de los Beatles* (Ed. UnosOtrosEdiciones).

Willie Rosario — El Rey del Ritmo

Robert Téllez Moreno

WILLIE ROSARIO

EL REY DEL RITMO

Biografía autorizada

En esta obra documental está todo Willie Rosario, el ser humano y el orquestador, el hombre y el músico, el jazzista y el salsero, el romántico y el rumbero, el boricua y el afro-latino-americano. Y está, sobre todo, su testimonio, su voz, para que esta y las siguientes generaciones entiendan que es lo que hay detrás de tantas creaciones musicales. Robert ha extraído de Rosario la esencia de su sonido y nos cuenta en estas páginas los secretos de su afinque.

JOSÉ ARTEAGA

Willie Rosario es un gran maestro. Para nosotros los percusionistas siempre ha sido una figura de mucho aprendizaje por su control sobre el ritmo, aspecto en el que es un pionero.

EDWIN CLEMENTE

Willie Rosario siempre se ha preocupado por tener excelentes músicos y contar con los mejores arreglistas para su música. Su experiencia y sabiduría ha ido dejando una huella imborrable. Es el timbalero de más cadencia y sentido rítmico que existe. Una leyenda viva de la salsa. Willie es el maestro del swing.

EDWIN MORALES, MULENZE

El trabajo de Willie Rosario es una colección de aciertos y logros en el competitivo mundo de la industria salsera. Fue el arquitecto de un estilo y sonido influyentes en generaciones posteriores de músicos. La combinación de líneas armónicas y rítmicas de piano, bajo y saxofón barítono, creó ese estilo agresivo y profundo que cautiva piez y enfía. Con visión musical y empresarial, consistencia, disciplina, elegancia y orgullo profesional, Rosario ha mantenido por años una imagen acicalada de falerango que le ha ganado la admiración y aplausos de los bailadores de salsa en todo el mundo.

ELMER GONZÁLEZ CRUZ

El músico Willie Rosario es una de esas figuras del pentagrama de la salsa que han cargado sobre sus hombros la lucha por la permanencia del género, lidiando contra las adversidades que, en muchas ocasiones, impone el mercado artístico.

HIRAM GUADALUPE PÉREZ

Su orquesta ha sido una escuela para muchos cantantes y músicos. El concepto que desarrolló, donde el saxo barítono vino a ser protagonista, es un concepto definitivamente ganador. Tenemos que estar muy agradecidos por la aportación que Willie Rosario ha hecho a la música latina, no solo en la salsa, también en el bolero.

NÉSTOR GALÁN, EL BÚHO LOCO

UNOS & OTROS
EDICIONES

(spine) Robert Téllez Moreno — WILLIE ROSARIO

Frankie Ruiz — Volver a Nacer

FRANKIE RUIZ

FRANKIE RUIZ
VOLVER A NACER

ROBERT TÉLLEZ
FÉLIX FOJO

Han pasado veinte años de la muy temprana desaparición física de Frankie Ruiz, un hombre que con un genuino estilo, carisma, voz cálida y dulce, nos dejó un gran legado musical. La figura de Frankie surgió en un momento trascendental para la industria, justamente en uno de los periodos de mayor dificultad para la promoción de la música salsa. Su influencia marcó una pauta que aún perdura en muchas generaciones de artistas.

Solo contaba 40 años al morir, pero su vida y obra merecen ser contadas. Sin duda, Frankie fue el primer cantante líder del movimiento de salsa romántica y el inspirador para otras figuras que luego alcanzaron el éxito. Su particular estilo cargado de *swing* y su personalidad arrolladora, lo convirtieron en ese ícono que representa una salsa con letras que enamoran, acopladas espléndidamente mediante arreglos musicales cadenciosos y muy bailables, una fórmula ganadora que hoy sigue dando resultados.

Los autores de este libro, Robert Téllez (colombiano) y Félix Fojo (cubano) rememoran de una manera agradable, novelada, la vida y trayectoria musical de este ídolo del pueblo que fue Frankie Ruiz.

Es también un homenaje al Puerto Rico querido de Frankie, la bella Isla del Encanto, a sus paisajes, música y su gente. Al Papá de la salsa, su carrera, su público, *fans* en muchas partes del mundo, a los músicos, a los compositores, arreglistas y productores, a los manejadores, a su familia, en fin, a todos aquellos que hicieron posible que un talento tan natural como el de Frankie Ruiz, pudiera alcanzar el lugar en la historia de la música que merecía.

Es para Frankie, como: Volver a nacer.

UNOS & OTROS
EDICIONES

(spine) VOLVER A NACER

CHANO POZO. LA VIDA   ROSA MARQUETTI TORRES

ROSA MARQUETTI TORRES

CHANO POZO
LA VIDA (1915 - 1948)

ARSENIO RODRÍGUEZ
EL CIEGO MARAVILLOSO
JAIRO GRIJALBA RUIZ

EL PROFETA DE LA MÚSICA AFROCUBANA

ARSENIO RODRÍGUEZ
EL CORSARIO NEGRO
DE LA CHAMBELONA
JAIRO GRIJALBA RUIZ

BOLA DE NIEVE

Si me pudieras querer

RAMÓN FAJARDO ESTRADA

BOLA DE NIEVE

Ramón Fajardo Estrada

Esta biografía eminentemente documentada de Bola de Nieve se levanta como un panorama donde entran sus familiares, sus creencias, sus gustos, sus ansiedades y preferencias, al tiempo que dedicada a perfeccionar las interpretaciones que le dieron fama internacional y lo convirtieron en auténtico embajador de la cultura cubana. Para quienes lo conocimos y disfrutamos de su arte resulta un estimulador de la nostalgia. Para quienes, por su juventud, a través de la lectura se acercan a un artista de la talla de Bola de Nieve, resultará una sorpresa conocer circunstancias y anécdotas irrepetibles, personalidades, ciudades, escenarios, una vida colmada de interés y una trayectoria ejemplar.

Reynaldo González

«Hay otro personaje clave en mi formación sentimental. Para descubrirme a mí mismo, para advertir lo que me ha producido felicidad y dolor, no he acudido al psiquiatra, sino a Bola de Nieve. En mi opinión es otro de los genios que habéis engendrado aquí [...]».

Pedro Almodóvar

[...] la labor escénica de Bola de Nieve: una forma de expresión, de sensibilidad, de calidad espiritual. Cuando uno lo trae al recuerdo, está habituado a relacionarlo con Rita Montaner y Benny Moré y —desde el punto de vista profesional— me cuesta trabajo compararlos, no en el sentido de su estatura individual, de lo que cada uno significa en la música cubana, sino porque Bola resulta ser una cosa distinta con respecto a los otros dos; es un fenómeno, algo realmente inexplicable, ya que hablar de un cantante «sin voz» parece algo absurdo, surrealista. Quizás él sea un clásico ejemplo de la intensidad del arte cubano, de disciplina, de estudio, de amor y entrega total a lo que se realiza.

Harold Gramatges

UNOS&OTROS
EDICIONES

BRINDIS
POR
VIRGILIO

UN LIBRO QUE TE ATRAPA DESDE SUS PRIMERAS LÍNEAS HASTA SU FINAL

Una joven es seducida por un poeta alcohólico y nace una intensa relación amorosa, pero también su dependencia al alcohol que la lleva a los niveles más bajos de degradación física, psíquica, moral y espiritual.

Una historia donde convergen el erotismo, el amor de madre, el bajo mundo y las esperanzas.

«La idea de la novela surgió durante la visita a un grupo de Alcohólicos Anónimos donde conoció a una mujer que le contó la intensa relación amorosa que sostuvo con un poeta alcohólico que se suicidó, y le dejó en herencia la avidez por la bebida». A partir de esta revelación, Alpízar se interesó más por la problemática y comenzó a asistir sistemáticamente a las reuniones del grupo y a compartir experiencias hasta sentirse uno más entre ellos. «Quise rendir homenaje a esos alcohólicos que están enfermos y son conscientes de su enfermedad y se esfuerzan por salir de ella, personas que merecen todo nuestro respeto y ayuda», cuenta el autor.

UNOS&OTROS
EDICIONES

Brindis por Virgilio

BRINDIS
POR
VIRGILIO

RODOLFO ALPIZAR CASTILLO

Ray Barretto — Fuerza Gigante

Escrito con la perspectiva de un periodista que dedicó cinco años de rigurosa investigación acerca de la vida y obra del notable músico Ray Barretto, conocido internacionalmente como Manos Duras, considerado un ícono de la percusión; su autor recrea la trayectoria musical del percusionista newyorican, su comienzo a partir del jazz y trayectoria en la Salsa, que le valió más de diez nominaciones al premio Grammy.

Con admirable fluidez y amenidad, Robert Téllez va intercalando abundantes y sustanciosos fragmentos de entrevistas realizadas en distintas épocas con músicos y cantantes que trabajaron con Ray, así mismo con el testimonio de su viuda nos entrega la otra dimensión humana y la Fuerza de un Gigante con la que superó las adversidades que enfrentó en diferentes momentos de su carrera.

Robert Téllez Moreno, Bogotá, Colombia, 1973. Graduado en Locución y Producción de Medios Audiovisuales. Se ha desempeñado como programador de distintas estaciones radiales musicales de su país. Fundador y director general de la revista Sonfonía; investigador musical incansable, que lo ha llevado a visitar varios países como: Estados Unidos, Cuba, Puerto Rico, Perú, Panamá y Venezuela. Ha colaborado en la producción del documental *Diego Galé, Alma Latina*. Como investigador de la música afroantillana, ha participado en numerosos eventos internacionales como fue el Primer Festival Cartagena - La Habana Son en el año 2008, donde se desempeñó como jefe de prensa. Desde el 2012 forma parte del equipo musical de la Radio Nacional de Colombia, donde permanece hasta la actualidad. Allí dirige y conduce el programa *Conversando La Salsa* y hace parte del equipo de panelistas del programa *Son de la Música*.

ROBERT TÉLLEZ MORENO

RAY BARRETTO
FUERZA GIGANTE

ROBERT TÉLLEZ MORENO

RAY BARRETTO, FUERZA GIGANTE

UNOS & OTROS
EDICIONES

Luis Marquetti — Gigante del Bolero

LUIS MARQUETTI

Decir Luis Marquetti, es decir bolero. Marquetti fue ante todo un compositor de boleros, de grandes boleros, de algunos de los más bellos boleros de la historia. Aunque compuso guajiras, congas, sones, guarachas y pregones, lo suyo fue el bolero. Las letras que escribió y que pusieron manos de los más destacados intérpretes de su época, que lo llevaron a la inmortalidad y a alcanzar el sitial que hoy ocupa como uno de los más importantes compositores de boleros de todos los tiempos. En esta nueva edición, ampliada y corregida, el lector no solamente encontrará información biográfica que nos habla de los avatares de la vida cotidiana del compositor y de las condiciones objetivas en las que nacieron sus numerosas creaciones, sino un exhaustivo registro de sus boleros, fotos, y testimonio de quienes lo conocieron personalmente y compartieron con él en ambientes tan disímiles como la vida escolar, los medios televisivos, la radio, la sociedad de autores, opiniones de sus hermanos, colegas de magisterio, estudiantes y vecinos de Alquízar.

Jairo Grijalba Ruiz

No hace falta mencionar títulos prácticamente todos los boleros compuestos por el maestro conquistaron a intérpretes de todo el continente. Desde aquel memorable encuentro con Pedro Vargas y el estreno radial de «Deuda», Luis Marquetti devino referencia obligada en el mundo del bolero. Hoy día, cuando diferentes plazas latinoamericanas hacen hincapié en la vigencia eterna del género —nacido en Cuba y desarrollado hasta la saciedad en otras lares americanos y europeos—, el nombre de este modesto, caballeroso y fecundo autor constituye un verdadero hito musical. Cuando la celebridad y la forma de muchos boleros se basaba en el morboso retorno a las consecuencias de la infidelidad, muerte, el supuesto desahogo erótico e, incluso, la motivación a la violencia como única forma de salvar el tan cacareado honor, Luis se las ingenió para conjugar sus prédicas escolares de cada día y su ejemplo personal: bastaría tan sólo un verso de los textos enriquecidos por el querido autor donde el respeto, la elegancia y, a veces, hasta el acercamiento a los recursos de la literatura no domesticaron su apego a las buenas costumbres, aun en las circunstancias más adversas descritas por sus creaciones.

Gaspar Marrero

LUIS MARQUETTI
GIGANTE DEL BOLERO
EL HOMBRE SIN ROSTRO

LUIS MARQUETTI GIGANTE DEL BOLERO

LUIS CÉSAR NÚÑEZ GONZÁLEZ

UNOS & OTROS
EDICIONES

www.unosotrosediciones.com
infoeditorialunosotros@gmail.com

UNOS & OTROS

EDICIONES